1+X 职业技术·职业资格培训教材

汽车美容装潢工【高级】

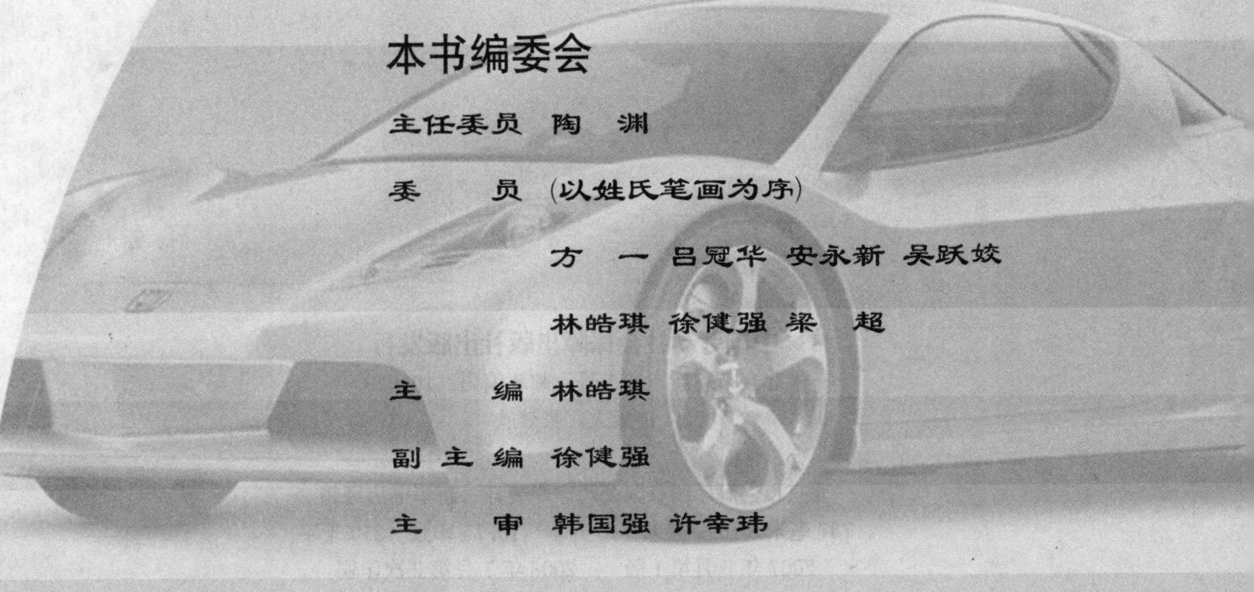

本书编委会

主任委员 陶 渊

委　　员 (以姓氏笔画为序)

方 一 吕冠华 安永新 吴跃姣

林皓琪 徐健强 梁 超

主　　编 林皓琪

副 主 编 徐健强

主　　审 韩国强 许幸玮

中国劳动社会保障出版社

图书在版编目(CIP)数据

汽车美容装潢工：高级/林皓琪主编. —北京：中国劳动社会保障出版社，2007
职业技术·职业资格培训教材
ISBN 978-7-5045-5880-0

Ⅰ.汽… Ⅱ.林… Ⅲ.汽车-车辆保养-技术培训-教材 Ⅳ.U472

中国版本图书馆 CIP 数据核字(2007)第 048814 号

中国劳动社会保障出版社出版发行
(北京市惠新东街 1 号 邮政编码：100029)
出版人：张梦欣
*
北京市艺辉印刷有限公司印刷装订 新华书店经销
787 毫米×1092 毫米 16 开本 10.75 印张 210 千字
2007 年 5 月第 1 版 2008 年 7 月第 2 次印刷
定价：20.00 元
读者服务部电话：010-64929211
发行部电话：010-64927085
出版社网址：http://www.class.com.cn

内容简介

本书由劳动和社会保障部教材办公室、上海市职业培训指导中心依据上海 1+X 职业技能鉴定细目——汽车美容装潢工（国家职业资格三级）组织编写。本书从强化培养操作技能，掌握一门实用技术的角度出发，较好地体现了本职业当前最新的实用知识与操作技术，对于提高从业人员基本素质，掌握高级汽车美容装潢工的核心知识与技能有直接的帮助和指导作用。

本教材在编写中根据本职业的工作特点，从掌握实用操作技能，以能力培养为根本出发点，采用模块化的编写方式。全书分为五个单元，主要内容包括：车身小面积外形恢复性美容、高级车身美容、汽车多媒体及智能系统、汽车日常维护和日常经营管理等。

为便于读者掌握本教材的重点内容，每一单元后附有单元测试题和答案。全书后附有知识考核模拟试卷和技能考核模拟试卷及答案，用于检验和巩固所学知识与技能。

本教材可作为汽车美容装潢工（国家职业资格三级）职业培训与鉴定考核教材，也可供中、高等职业院校相关专业师生，以及相关从业人员参加岗位培训、就业培训使用。

前　言

职业资格证书制度的推行，对广大劳动者系统地学习相关职业的知识和技能，提高就业能力、工作能力和职业转换能力有着重要的作用和意义，也为企业合理用工以及劳动者自主择业提供了依据。

随着我国科技进步、产业结构调整以及市场经济的不断发展，特别是加入世界贸易组织以后，各种新兴职业不断涌现，传统职业的知识和技术也愈来愈多地融进当代新知识、新技术、新工艺的内容。为适应新形势的发展，优化劳动力素质，上海市劳动和社会保障局在提升职业标准、完善技能鉴定方面做了积极的探索和尝试，推出了1＋X的鉴定考核细目和题库。1＋X中的1代表国家职业标准和鉴定题库，X是为适应上海市经济发展的需要，对职业标准和题库进行的提升，包括增加了职业标准未覆盖的职业，也包括对传统职业的知识和技能要求的提高。

上海市职业标准的提升和1＋X的鉴定模式，得到了国家劳动和社会保障部领导的肯定。为配合上海市开展的1＋X鉴定考核与培训的需要，劳动和社会保障部教材办公室、上海市职业培训指导中心联合组织有关方面的专家、技术人员共同编写了职业技术·职业资格培训系列教材。

职业技术·职业资格培训教材严格按照1＋X鉴定考核细目进行编写，教材内容充分反映了当前从事职业活动所需要的最新核心知识与技能，较好地体现了科学性、先进性与超前性。聘请编写1＋X鉴定考核细目的专家，以及相关行业的专家参与教材的编审工作，保证了教材与鉴定考核细目和题库的紧密衔接。

职业技术·职业资格培训教材突出了适应职业技能培训的特色，按等级、分模块单元的编写模式，使学员通过学习与培训，不仅能够有助于通过鉴定考核，而且能够有针对性地系统学习，真正掌握本职业的实用技术与操作技能，从而实现我会做什么，而不只是我懂什么。每个模块单元所附单元测试题和答案用于检验学习效果，教材后附本级别的知识考核模拟试卷和技能考核模拟试卷，使受培训者巩固提高所学知识与技能。

本教材结合上海市对职业标准的提升而开发，适用于上海市职业培训和职业资格鉴定考核，同时，也可为全国其他省市开展新职业、新技术职业培训和鉴定考核提供借鉴或参考。

新教材的编写是一项探索性工作，由于时间紧迫，不足之处在所难免，欢迎各使用单位及个人对教材提出宝贵意见和建议，以便教材修订时补充更正。

劳动和社会保障部教材办公室

上海市职业培训指导中心

目　录

1

第 1 单元

车身小面积外形恢复性美容

1.1 车身金属体整形

1.1.1 概述

车身的坚固与完美，对轿车的行驶性能有极大的影响，因此，车身的损伤必须随时恢复。车身损伤的主要形式有漆膜碰伤、锈蚀、破裂、变形、脱焊等。

由于对车辆的使用和维修保养情况不同，还有气候、道路条件、环境污染等因素的影响，导致车身损坏形式和程度也各不相同。一般来说，车身损坏都可以修复，但需要有专用工具和设备，以及专业的技术。

1. 造成车身损坏的主要原因

（1）自然损坏。由于环境、气候的影响，造成橡胶、塑料件老化，金属件锈蚀，漆膜龟裂等。

（2）用户使用、操作不当造成的损坏。

（3）交通事故造成的碰撞、擦伤等损坏。

（4）车身内部附件，如玻璃升降器、车门锁、铰链等，经长期使用，因磨损失效。

2. 车身修理常用工具和设备

（1）机床类。龙门剪床、折边机、振动剪刀机、钻床等。

（2）焊接设备。氧气焊接设备、气体保护焊设备、点焊设备（包括单点焊机）、电焊设备等。

（3）整形工具。手锤（也称铁锤）、托铁（也称垫铁）、手提砂轮机、角磨机、打磨机、撑拉器、快速夹钳等。

（4）划线工具。直尺、卷尺、划针、圆规、尖冲等。

3. 车身变形的校正方法

（1）局部加热，消除内应力①。

（2）局部弧形凹陷，应衬以合适的托铁，以手锤敲击。也可用撑顶工具把凹陷面顶出，必要时可以适当加热。

（3）热收缩法。当车身局部拱曲或凸起时，可采用热收缩法整形，即用气焊枪将需整平的部位加热至樱红色，然后在加热点四周敲击，冷却后再以手锤整平。

（4）牵引修复法。当外板的凹陷部位有内板或骨架，无法插入托铁时，可采用牵引法修复。即在凹陷最严重的位置，钻数个直径为 3 mm 的小孔，然后用几根带钩的铁丝从孔内穿进钩住，同时向外牵引，也可边加热边牵引，直至复位，最后抽出铁丝，将小孔补好锉平。

---

① 内应力是物体由于受力、温度变化等而变形时，在物体内各部分之间产生相互作用的内力，以抵抗这种外因的作用，并力图使物体从变形后的位置回复到变形前的位置的内力。

1.1.2 凹陷处的修复

1. 手锤和托铁修理法

手锤和托铁修理法是传统的钣金修理方法。一手持手锤，另一手持托铁或其他工具进行钣金敲打整形修理。钣金手工作业需要具备一定的技巧和经验，钣金修理主要有变形曲面整形和型线校正。

（1）变形曲面整形。有托铁正托法和托铁偏托法两种方法，见表1—1。

表1—1　变形曲面整形两种方法的比较

方　法	托铁正托法	托铁偏托法
图示	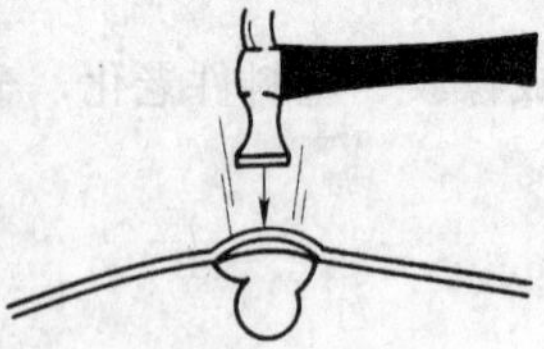	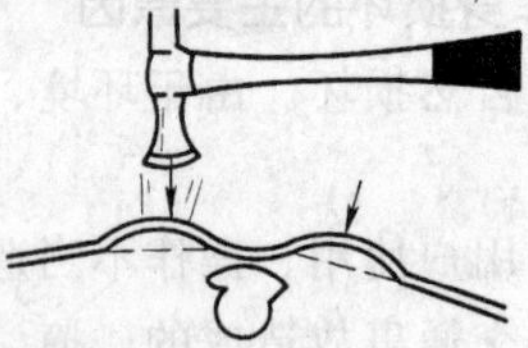
托铁位置	托铁垫放在钣金凸起的正下方	托铁垫放在钣金变形的侧方
手锤位置	用手锤在凸起的正上方敲打	用手锤敲打凸起物的上方
原理	手锤的敲击力通过钣金传至托铁，实际上是手锤和托铁双向敲打，使钣金恢复形状	利用托铁的回弹力击打托铁上方凸起，可使较大面积的变形缓慢得以恢复
应用	手锤打击力较大，托铁回弹力较大，托铁击打钣金的背面；托铁紧紧地靠在钣金上，击打力大，展平作用大，击打力的大小，视钣金的厚度和变形程度而定，手锤和托铁的击打，难免造成钣金伸张过大或附加变形，修整的好坏和速度全靠手工技术	偏托与正托的原理相同，实际应用中，视变形部位的变形情况钣金工可灵活运用

（2）车身型线的校正。对于车身侧面的型线，纵向看是一条线，横向看钣金转折过渡较大，手锤修复时要修出棱线。手锤和托铁在横向击打，并且沿着纵向缓慢移动，反复几次修整出车身型线。

2. 惯性锤拉出器消除法

用惯性锤拉出器消除凹陷是车身修理中常用的方法，其效果较好，方便快速。

惯性锤拉出器拉杆与凹陷板件的连接方式有以下几种：

（1）旋入方式。旋入方式是目前最常用的方式，该方式利用T形尖锐螺旋锥钻入薄板类车身构件的凹陷处，实现拉杆与凹陷构件的可靠连接。但是，旋入方式的操作必然会在修复的凹陷构件上留下螺旋锥孔，故拉伸完毕后应逐一将孔补焊，并用砂轮、锉刀等工具磨平。旋入方式所能承受的拉伸力较小，常用于修复薄板件的凹陷。

（2）焊环方式。该方式是在钣金件表面凹陷处最严重的部位，焊上一定数量的用于连接拉杆的拉环。凹陷面积较大时，也可以并列焊接多个拉环并穿上拉轴，以使拉伸力能均匀地作用于变形表面。拉环可由垫圈代替。拉杆通过连接装置牵引垫圈或拉轴，由惯性锤拉出器将凹陷拉平后，应去掉拉环（垫圈）并对焊接处进行打磨。

（3）销钉牵引方式。该法用销钉点焊枪将销钉焊到金属板件的凹陷处，并在销钉上连接惯性锤拉出器，实现拉伸。

为了使用销钉焊接枪，焊前应先在凹陷处打磨使其露出基本金属，然后将焊枪装上销钉，并将焊枪压靠在凹陷区域，扣动扳机即将销钉焊入表面，将一根销钉熔化在金属板上只需几百分之一秒的时间，必要时可多焊几根销钉。

这种销钉牵引连接方式是牵引凹陷的最好方法，既避免了金属钣金件的钻孔或冲孔，又排除了潜在的腐蚀。但凹陷拉平后，也应将销钉打磨下来，并修磨其表面。这种方法特别适用于车门上小范围的凹陷。

（4）拉杆拉起方式。这种方法是先在凹陷部分钻一个或数个孔，孔径约为 3 mm 左右，然后将拉杆的弯曲端（钩头）插入小孔钩牢，再用力向外拉伸。对于车身上薄板构件的凹陷，可用手拉杆拉起。小的凹陷或皱褶可以用一根拉杆拉平，但大的凹陷应用多个拉杆同时拉伸效果较好。若车身锤与拉杆同时使用，其效果更好。凹陷的低点拉上来的同时，其隆起的部分可用手锤敲打下去。这种同时进行的敲打和拉伸易使板面回复到原形，可以减少金属延伸的危险。

3. **热收缩法**

热收缩法是对具有较大凹陷或凸起板面进行修复的一种有效方法，也是钣金修理的常用方法。热收缩法修复是将钣金件局部加热并迅速冷却使其局部金属收缩，达到整形目的。热收缩法的实质是通过热胀冷缩移动凸起处变形时受拉伸的金属，使金属恢复到应有的形状和厚度，但不影响周围未受损伤的弹性金属。

（1）热收缩法的原理。如图 1—1 所示，一根钢杆加热的时候将要膨胀（变长），在冷却的时候将会收缩（变短）。如果在加热的同时用坚硬的固体抵靠在其两端，钢杆就不能伸长，则在中间或最热的地方向外鼓出。当冷却的时候，杆的长度将减少，这就是金属热收缩原理。该原理同样适用于金属板件。

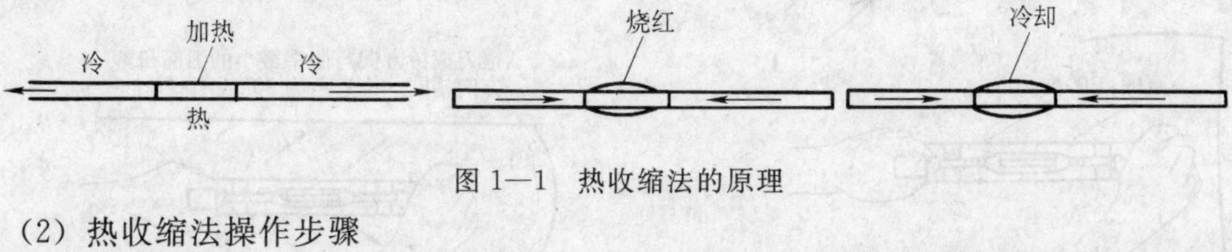

图 1—1　热收缩法的原理

（2）热收缩法操作步骤

1）对钣金凹陷处中点局部快速加热，温度升高过程中以加热点为中心钢板向周围膨胀，对周边产生压应力。当温度继续升高，钢板局部烧红变软，解除了中心区的压力，使周围钢板恢复变形。烧红区域被压缩而变厚，周围钢板可以自由变形伸展恢复形状。加热可从中心处开始以螺旋线形逐渐向周围扩张，达到恢复形状的目的。

2）对于局部加热点，可以进行突然喷水或用湿布贴覆，使加热部位突然冷却，钢板立即收缩，中心部位产生对于周边的拉伸载荷，强力将周边向中心拉伸，与变形过程中产生的压缩载荷相抵消，恢复原来形状。

3）加热收缩时，还可结合手锤和托铁法辅助进行校正，以恢复大面积的变形。加热收缩后，一次效果不够理想时，还可进行多次收缩。加热收缩完成后，需用手锤和托铁做进一步的平整，便于消除钣金收缩时产生的微小变形和局部皱纹。

4. 利用车身锉修复微小凹凸缺陷

钣金件修复后，往往还有一些手锤和托铁无法消除的凹陷及工具留下的痕迹，为使表面光滑，还应锉平，如图 1—2 所示。

（1）钣金件的锉平，可用车身锉进行。锉削时，握住手柄向前推动完成一个切削行程，握住锉的前部控制向下的压力和方向，尽可能使其行程长一些。锉刀回程时应抬离已锉过的表面，以保证表面锉得光滑。

（2）当锉削相对平一些的区域时，握锉成 30°并直着推出，也可以直着握锉并成 30°推锉。锉削时先沿一个方向锉，然后沿大致垂直的方向锉，如图 1—3 所示。当在曲面板件上锉削时，可直着握锉并直着推锉，或直着握锉并成 30°或更小一点的角度向两侧推锉，如图 1—4 所示。

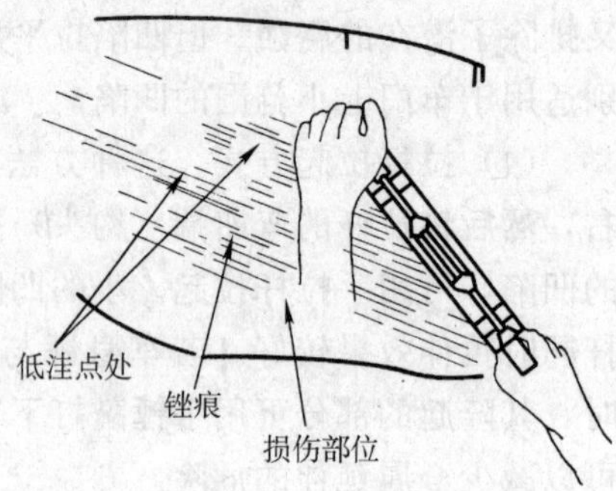

图 1—2　用锉刀锉平凹凸不平处

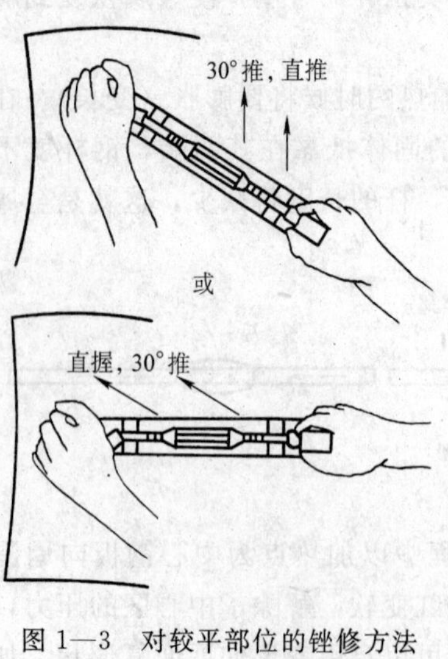

图 1—3　对较平部位的锉修方法

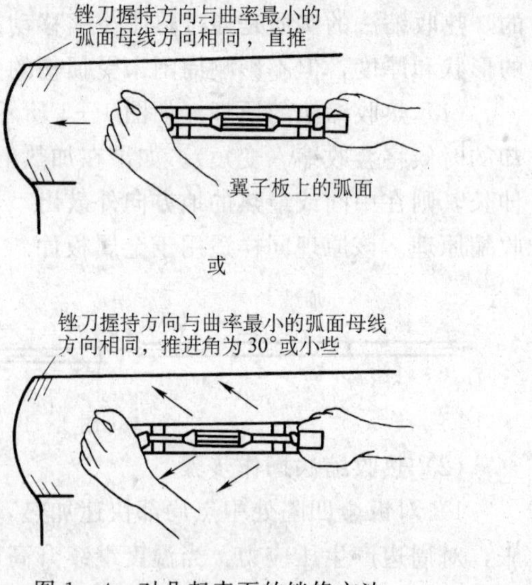

图 1—4　对凸起表面的锉修方法

（3）在车身锉削过程中，通过观察锉痕，容易发现钣金件表面的低点（凹陷）和高点（凸起）。这样，在修复过程中应“拉出”各个低点，敲平各个高点，然后再用车身锉锉平并检查是否平整，如此反复进行这一过程直至锉平。

5. **无损修复法**

(1) 真空吸盘拉起法。随着汽车轻量化的发展，车身钢板的厚度在提高强度的同时被大幅度减薄了。因此，其车门与车身壳体外蒙皮等薄板类零件，极易发生大面积凹陷。这种凹陷的特点是，表面变形大，凹陷浅且过渡较为圆滑；金属板的变形呈弹性状态，局部未发生较大的延伸变形。对于这种凹陷，用吸盘拉起是最佳的选择。

吸盘是一种简单的吸附工具，真空式吸盘是利用手拉吸盘时，吸盘与钣金件凹陷表面的真空起吸附作用，从而使凹陷拉平复位的。

这种用吸盘拉起凹陷的作用方法，免去了其他方法所需的拆装内围板、车内装饰件及钻孔、焊孔等麻烦，并且能可靠地保护表面涂层，也不需要再进行表面修整，是一种简单、方便、得心应手的凹陷修复方法。不过，该法的使用具有一定的局限性，仅适用于修复成弹性变形的面积较大的凹陷损伤。

(2) 利用钣金整形夹修整钣金凹陷。钣金整形夹结构简单，在国外得到了广泛的应用。整形夹用于修复轻微的钣金凹陷，其修复质量高于手工敲平。

钣金整形夹由支架、铰接机构、压力调节螺钉、滚压辊轮和螺栓组成。

一般轻微的钣金凹陷，可用木锤粗略敲平后，再用整形夹的辊子滚压，以恢复原来的形状。整形夹的辊子有多种形状，可供交换选用。

例如，汽车翼板被撞，欲将凹陷部分整平时，可不必拆下翼板，用该整形夹即可修复。修复时，可先拆下车轮及其附件，选择适当的辊轮装于整形夹上，用木锤将板面大致敲平，然后将整形夹装于汽车翼板的凹陷部位，并调整压力调节螺钉，使辊轮之间产生轻微的压力。将整形夹均匀地来回滚压，整压、整平撞凹的部分。该法效果较好。

(3) 凹陷无损拉起新技术。对于因外界因素在车身表面所造成的没损伤漆面的坑凹，应用特制的系列工具和修复器，方便快捷地将凹陷恢复原状。在修复中不需钣金、不需抹腻子（不需上灰）、不需喷烤漆。在保持原车漆的状态下，使汽车表面凹陷还原如故，达到经济完美的修复效果，而不是一般意义上的修补，这是汽车外形复原的简单方法。

1) 基本原理。汽车遇到碰撞，会出现一些坑凹，在凹陷处产生了张力。任何物体都有恢复其原状的惯性。利用光反射的视觉效果判断凹陷的位置和程度，应用杠杆原理并借鉴真空吸盘法部分原理，拉起凹陷处车身，逐步将车身凹陷处的张力释放，使凹陷恢复原状，实现对车身凹陷的快速、准确、完整地修复。

2) 优势和劣势（见表 1—2）。

3) 使用工具。使用工具有热熔胶枪、热熔胶、熔胶清洗剂、平衡桥、拉力盘、拉力螺旋帽、清洁砂蜡，如图 1—5 所示。

热熔胶是一种不含水，不需溶剂的固体可熔性聚合物。在常温下为固体，加热到一定温度后熔融，变成能流动且已有黏结性的液体。热熔胶不易燃烧，对人体无害，无需烘干或加其他固化剂，凝固速度快，可以重新加热再使用，完全适应高速自动化的要求。热熔胶的应用范围很广泛，例如，书本装订的接缝处用的就是热熔胶。

表 1—2　　凹陷无损拉起技术优劣势对比

优　势	劣　势
修复效果佳，未填充外来材料，对车漆和车体钢板的技术指标没有什么影响	修复起始要求凹陷及周围漆面最好没有损伤，直径超过 20 cm 以上的坑凹需要多次操作，且修复效果会受影响
修复范围广，车身表面修复范围达 90%以上	车身的一些特殊部位用这种方法是修理不了的（下图所示白线的部位），如车身上的塑料件，车门的边缘，车漆、腻子太厚的地方及车身严重变形的车辆
修复成本低，工具设备和技术操作都简单，易掌握	
修复时间短，根据不同的凹陷程度，操作时间 10～120 min不等	

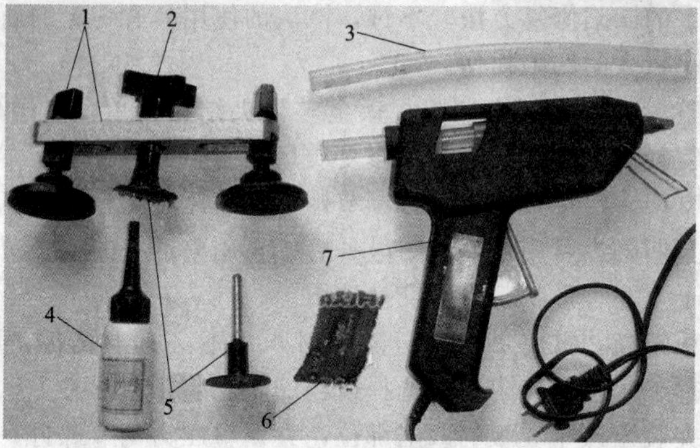

图 1—5　凹陷无损拉起新技术使用工具

1—平衡桥　2—拉力螺旋帽　3—热熔胶　4—熔胶清洗剂　5—拉力盘　6—熔胶清洁液　7—热熔胶枪

4）操作步骤

①将熔胶清洁液倒在抹布上，清洗凹陷处。目的是将凹陷处漆面上的灰尘和杂物去除，使热熔胶更好地粘结在车身表面。

②将热熔胶通过热熔胶枪的加热熔融，均匀地涂在拉力盘上。

③将拉力盘粘在凹坑处。注意针对小凹陷要将拉力盘粘在凹坑最低处。而对于面积较大一次无法完成拉起的凹陷，要划分逐次拉起的区域次序，并将拉力盘粘在此次准备拉起的凹坑的最低处。

④等待 5 min 左右，使和车身粘结的热熔胶温度降至 15～26℃。

⑤将平衡桥放在拉力盘上，中间孔套过拉力盘上端，再将拉力螺母拧在拉力盘上。

⑥调节平衡桥两端螺母，使两端支撑盘与车身漆面完全接触，直到螺母基本拧不动为止。注意调节两端支撑盘与拉力盘的间距，既要使支撑盘基本压在未凹陷的漆面上，又要尽量靠近凹陷的外围边缘。这样做会使拉起效率最高。

⑦拧动收紧拉力螺母，直至拉力盘脱落为止，听到“啪”的一声为最佳修复效果。

⑧确定凹陷已被拉起后，拆除平衡桥，用熔胶清洁液清洗漆面上残余的热熔胶。

⑨若修复超出平面，可用木锤轻轻打平。面积较大的凹陷最多可分 5 次反复修复。

⑩可根据漆面恢复情况，用清洁砂蜡给原凹坑处上蜡，使其光亮如初。

1.1.3 填补修复及焊修

1. 车身钣金件微小不平整表面可以不用钣金整形，而用车身填料填充修复。

填补修复的步骤已在中级教材中详细说明，以下只对各种填料的成分、特点及应用进行分类比较，见表 1—3。

表 1—3　车身填料成分、特点及应用

名　称	成　分	特　点	应　用
传统填料	聚酯树脂和滑石粉微粒	打磨后表面光滑，边很薄，不下沉，比轻质填料的细孔少	金属板上的凹陷、折缝和槽
轻质填料	微球状玻璃泡、细晶粒滑石粉、聚酯树脂	易于扩散，不收缩，均匀，不沉积	金属板上的凹陷、折缝和槽
高级填料	微粒球、滑石粉、聚酯树脂、专用化学添加剂	打磨快，容易像乳状散开且湿润，涂敷时光滑无细孔，干燥后不剥落、不下沉	金属板上的凹陷、折缝和槽
玻璃纤维加强填料	短线短玻璃纤维、聚酯树脂	防水，比一般的填料结实	填充小的锈穿和小孔，对于较大面积的锈蚀应使用玻璃纤维布跨接
玻璃纤维加强填料	长玻璃纤维、聚酯树脂	防水，比短玻璃纤维结实	不需使用玻璃纤维布跨接，用于锈穿、小孔和撕裂的修理
铝填料	铝片或铝粉、聚酯树脂	防水，涂敷时光滑，质量高，耐久性好	修理古董车和进口车
涂层填料	聚酯腻子树脂	细晶滑石粉、超光滑微球状玻璃泡，不脱落、不收缩，不需要空气干燥	用于填充金属、玻璃纤维和旧涂层中的细孔和磨痕
可喷填料	高黏度聚酯树脂、滑石粉、液体硬化剂	不收缩，防止渗透，省略了涂底漆→抛光→涂底漆的程序	用于填充锉痕、打磨痕、油漆层的轻微裂纹和针孔，密封填充剂和旧的油漆层，防止泄漏

2. 车身钣金件裂纹等损坏的修复方法

车身钣金件裂纹的形成原因和特征请参见中级教材相关章节，其损坏可以用以下方法来修复：

（1）裂纹的焊补。外覆盖件的厚度均在 1 mm 以下，如使用手工电弧焊，很容易将薄板烧穿，所以一般通过 CO_2 气体保护焊、氧气焊来修复。施焊时，应使裂纹两侧金属板面对齐平整，然后在裂纹边缘处先点上一点，如裂纹长度在 50 mm 以下，应从裂纹尾部开始焊接，沿裂纹走向，向外边缘施焊；如裂纹较长，则应间隔焊上几点，点焊后再平整一次，然后采取分段焊。这样可防止因焊缝温度过高引起熔池塌陷，同时也避免了因温度过高引起焊缝金属的过烧，以及热胀冷缩过大引起板面的严重翘曲变形，保证焊修质量。

（2）塞焊法修补。先在车身外板上钻直径为 6 mm 的孔，然后用夹钳使两层板贴合，再用 CO_2 气体保护焊将孔焊平。在焊接过程中要特别注意控制温度，以免把孔扩大或烧穿。

（3）堆焊修补法。对于使用热收缩法和牵引修补法都难以恢复的凹陷表面，可使用堆焊法来修补。操作步骤如下：

1）清除需修整表面的油漆或锈迹。

2）加热需堆焊的表面，并涂布焊药。

3）使用气焊来堆补。

4）打磨或锉平堆焊后的表面。

堆焊除了选用铁丝作为焊条外，还可采用黄铜焊条，并用硼砂、硼酸、硅酸等焊药，此时可用温度较低的火焰，能减少热变形。

（4）挖补法。对损坏严重的薄板件，可直接更换。步骤如下：

1）根据确定的挖补范围和轮廓剪出样板。

2）根据样板下料并整形，使其能与需更换的表面贴合。

3）根据完成的薄板件的轮廓，挖去需更换的损坏部位。

4）修整断口，保证更换件与孔边缘的间隙均匀，并不得大于 1 mm。

5）用夹钳定位，并以气焊或 CO_2 气体保护焊初步固定。

6）用分段焊接法从中间向两边焊，应左右交替，以防变形。

7）修磨打光。

修补锈洞除了挖补法，还有玻璃纤维布敷贴法、刮灰法、上塑料层法等。

（5）锡焊修补法。对于局部无法修复或难以修复的曲面形状可用锡焊将要修复的部位填平成曲面形状。锡焊前应在修焊表面涂上焊锡膏，用焊枪的火焰把钣金表面烤热，把焊锡熔化，将焊锡焊到要修补的表面上，焊的厚度随曲面要求而定，使焊后表面恢复形状。焊锡修补后，往往表面不够理想，可用砂轮和砂纸打磨，使表面呈圆滑过渡曲面形状。

1.2 漆面的恢复

汽车漆面修复前，先要对车身的表面进行处理，主要包括清洗、除油漆、除锈、修补及除油等工序，接着再进行底漆、腻子、中涂底漆和面漆的施工。车身的表面处理及面漆的施工已在中级教材第一单元中详细叙述过，在此不做重复，下面就依照先后工序一一介绍。

1.2.1 底漆

1. 底漆的作用

底漆是物体表面的基础用料，是任何组合涂层中的第一层，底漆的作用主要是提供附着力和防腐蚀。底漆一般不具备填补车身表面缺陷的能力，但能使裸露的金属表面适合中涂漆、腻子及面漆。底漆作为被涂表面与其涂层之间的媒介层，使两者牢固结合。底漆的种类繁多，针对不同的底材要选用适当的底漆，如汽车上的材质除钢铁外，还有铝、镀锌铁板及塑料等，正确选择合适的底漆是非常关键的。这关系到合理使用涂料，达到汽车涂层的质量要求。另外，施工方法与涂层的质量也有相当大的关系，如涂膜的膜厚、均匀度、干燥程度、正确使用稀释剂等。施工环境（如温度、相对湿度）、涂层表面预处理等也会影响底漆的涂装质量。

2. 汽车涂层修补常用底漆的特点

汽车涂层修补用的底漆品种很多，根据不同的质量要求、表面材质及配套的面漆进行选择。常用的汽车修补涂装底漆有：磷化底漆、环氧底漆、聚氨酯底漆、醇酸底漆、酚醛底漆等。汽车修补涂装底漆的特点如下：

(1) 对经过表面预处理的车身，金属表面有优良的附着力，形成的底漆层有良好的力学性能。

(2) 底漆层应具有极好的耐蚀性及耐化学品性能。

(3) 底漆层应具有钝化金属表面的性能及对外界有优良的封闭性，即防“三渗”（渗水、渗氧、渗离子）性能。

(4) 底漆除了具有对金属的配套性外，还应具有对二道底漆、腻子或面漆层的良好配套性。

3. 汽车涂层修补用底漆的施工

(1) 磷化底漆。磷化底漆是将金属表面通过化学反应生成一层非金属、不导电、多孔的磷化膜，一般称为转换涂层。磷化膜具有多孔性和不良导电性，使上层涂料能渗入到这些缝隙中，而不良导电性也抑制了电化学腐蚀的形成。

磷化底漆能提高底漆对金属表面的附着力、耐蚀能力及热老化性能，可代替磷化处理，适用于各种金属（如钢、铁、铝、铜及铝镁合金等），并能耐一定的温度，可做烘烤面漆的底漆，但由于面膜很薄，一般不能单独作为底漆使用，必须与其他底漆配套使用。

磷化漆的使用方法以及注意事项如下：

1) 磷化漆可喷可刷，喷涂工作黏度为16～18 s（涂－4 黏度计，20℃），涂膜以薄为宜，厚了效果反而差。

2) 磷化漆是双组分涂料，一般分为涂料和活化剂。另外，有时还配备调整黏度的磷化液。使用时应将两个组分混合后才能使用，而磷化液是专做磷化底漆配套使用的，不是溶剂，用量不能任意增减。要严格参照供应商要求的混合比例调配。

3）使用前应将磷化底漆搅拌均匀，将搅拌均匀的底漆放入非金属的容器内，边搅拌边慢慢地加入磷化液，调配后一般要放置 30 min 再使用（请参照供应商的要求）。调配后的磷化底漆必须在使用时效内用完。

4）施工环境要求比较干燥，以防止涂膜发白，影响涂膜附着力和使用效能。

5）喷涂的物体表面应经过表面预处理，达到无锈、无水、无油、无旧涂膜，最好是经过喷砂处理的物体表面。

6）喷涂了磷化底漆的物体表面，一般干燥一定的时间（请参照供应商的要求）后才可喷涂其他底漆。

（2）环氧底漆。以环氧树脂为主要成膜物质制成的底漆品种较多，有高温烘烤底漆、双组分底漆、单组分常温自干底漆。汽车修理厂由于其修理的特点极少使用高温烘烤底漆。环氧底漆附着力强，涂膜坚韧耐久，对许多物体表面有较强的粘合力，但涂料耐光性差，易粉化，因此，只适合用做底漆。

在要求较高或湿热环境下使用的车辆一般应用环氧底漆。由于汽车经常承受强烈的冲击、振动和磨损，还要受到各种多变的气候条件，如酸、碱、盐的侵蚀，需要有一种极好的保护层来抵挡。当汽车涂面要进行较大的整修工作时，双组分环氧底漆就是最佳的选择。其附着力、耐蚀性能、封闭性、耐化学品性能及耐碱性能非常突出，而且涂膜柔韧性好、硬度高，对铝镁合金及轻金属、钢铁、玻璃钢等都有极好的附着力。

双组分环氧底漆的使用方法和注意事项如下：

1）双组分环氧底漆适用于无尘、无油、无蜡、无锈、无水，并且有涂装允许粗糙度的裸露金属（钢板、铝材、不锈钢、镀锌钢板）表面及玻璃钢表面的涂装。

2）双组分环氧底漆以喷为主，也可刷涂。

3）应严格参照供应商的要求调配漆料与固化剂，并在使用时效内用完；当喷涂黏度需要调节时，最好使用供应商提供的溶剂。

4）底漆、中涂合二为一的环氧底漆，喷涂一层，涂层厚达 30～40 μm 可做防锈底漆，喷涂两层，涂层厚度可达 50～60 μm，已达到中涂后的效果，可省略再喷涂中涂底漆；干燥后可研磨，具体干燥时间请参照供应商的要求。

5）胺固化剂对人体和皮肤有刺激性，使用时要注意安全。

6）能与多种面漆配套，如硝基漆、过氯乙烯漆、热塑性丙烯酸漆、醇酸漆、聚氨酯漆、氨基漆、热固性丙烯酸漆等。

（3）醇酸底漆。醇酸底漆是汽车上常用的一种漆，由于其有良好的附着力和一定的防锈性能，并且干燥快，耐硝基漆、过氯乙烯漆的咬底作用，可与硝基漆、过氯乙烯漆、醇酸漆等面漆配合使用，但涂膜硬度不高，在湿热环境下涂膜易起泡。醇酸底漆可自干也可烘干。

醇酸底漆的使用方法及注意事项如下：

1）醇酸底漆可喷涂也可刷涂，喷涂工作黏度以 16～18 s（涂—4 黏度计）为宜，喷涂压力以 0.4～0.5 MPa 为宜。

2）涂底漆前对物体表面的要求参照酚醛底漆。

3）使用时应搅拌均匀，新开桶应特别注意搅拌均匀。一般不宜涂厚，以防涂膜起皱。

4）用于较高要求的车辆时，应涂于有磷化底漆的物体表面上，以提高醇酸底漆的附着力和防锈能力。

5）能与硝基漆、过氯乙烯漆、醇酸漆、氨基烘漆配合使用。

（4）酚醛底漆。酚醛底漆由于含颜料较多，呈浆状，有一定的防锈性和良好的附着力及耐水性，且价格便宜，施工方便，易于打磨，并耐硝基漆的咬底作用，因此，在一般汽车（如客车、载重车）上应用较广泛。但由于其干燥较慢，不能和聚酯腻子相匹配，因此，在修理行业很少使用。

酚醛底漆的使用方法和注意事项如下：

1）根据施工要求可喷涂，也可刷涂、浸涂。

2）直接涂于金属表面时，金属表面应达到无锈、无尘、无水、无油、无蜡及其他污物，并且有一定的表面粗糙度。

3）可用 200 号溶剂汽油或松节油稀释。

4）由于含颜料较多，易沉淀，涂料较稠，不易搅拌，颜料往往沉在桶底，油浮于面上，因此，使用时一定要搅拌均匀，否则会产生底漆涂膜光泽过亮、不易干燥、与面漆附着力差等问题，面漆喷涂后会产生涂膜龟裂、咬底、脱落等病态。

5）底漆可喷或刷一层到数层，但每层的干燥时间要充分，必须在前一层干透后才可施涂第二层。

6）可直接涂于钢铁表面做底漆使用，也可做油性腻子层间的中间涂层。

7）能与多种面漆配套使用，如硝基漆、过氯乙烯漆、热塑性丙烯酸漆、醇酸漆等类型的涂料。

1.2.2 腻子

1. 腻子及其作用

腻子是一种以颜料、填充料、油料或树脂、催干剂、溶剂调制而成的稠浆状的物质，用在预涂底漆的物体表面，以填平物体表面凹坑、焊接缝及擦伤、锈眼等缺陷，直至形成平整光滑的表面。

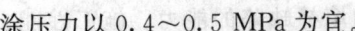

腻子能使受到损坏的物体表面恢复到原有的形状，是一种快捷而廉价的方法，但刮腻子不代表钣金的所有修理工作。在刮涂腻子前物体表面要达到一定的要求，如合理的钣金件安装，表面平整度的变形量不超过 2 mm，物体表面不应有裂口或未焊接的接缝等，否则过厚的腻子层会降低涂层的性能，裂口和缝隙会吸进潮气，腻子中的物体颜料会吸收潮气而导致锈蚀的产生，最终破坏腻子层和金属的结合。汽车在行驶中的振动和应变，会使过厚的腻子层产生裂纹、脱落等现象。除此以外，根据汽车涂层的质量要求，合理选择腻

子及正确的施工方法也是非常重要的，它关系到发挥腻子的填补缺陷的能力、施工性能、施工进度和涂层的使用寿命。腻子一般采用刮具刮涂，刮涂的次数（层数）主要取决于物体表面的表面情况、施工质量要求、操作人员技术水平，一般刮涂 1～5 层，直到物体表面达到涂装的要求。

2. 汽车涂层修补用腻子的特征

汽车涂层修补中使用的腻子种类很多，应根据被施工件的质量要求、表面材质以及腻子的功能进行选用，目前在汽车修补涂装中常用的品种有聚酯腻子（原子灰）和快干腻子等。由于被施工件的平整度和光滑度主要由腻子来实现，因此，不论什么种类的腻子都应具备以下特征，才能达到施工目的和实现使用价值。

（1）汽车涂层修补用腻子的特征

1）与底漆、中涂底漆及面漆有良好的配套性，不发生咬底、起皱、开裂、脱落等现象，有较强的层间粘合力。

2）具有良好的刮涂性能，垂直面厚涂堆积性良好，无流淌现象，有一定的韧性，附着力好，刮涂时腻子不反转，薄涂时腻子层均匀光滑。

3）打磨性能良好，腻子层干燥后软硬适中，易打磨，不粘砂纸，能适应干磨或湿磨以及机械打磨，打磨后腻子层边缘平整光滑且无接口痕迹。

4）干燥性能良好，能在规定时间内干燥、打磨。

5）形成的腻子层要有一定的韧性和硬度，以防因汽车行驶中的振动引起腻子层开裂，轻微碰撞引起低凹或划痕。

6）具有较好的耐溶剂性和耐潮湿性，否则会导致涂层起泡。

（2）成品腻子的成分和特性（见表 1—4）

表 1—4　成品腻子的成分和特性

名　称	成　分	特　性
聚酯腻子（原子灰）	由不饱和聚酯树脂、填料、少量颜料及溶剂配成，使用时要和固化剂调配后才能使用	由于聚酯腻子干燥速度快，受气候影响小，腻子层牢固，附着力强，不易开裂，刮涂、堆积、填充性能好，硬度高，打磨性能好，表面细滑光洁，固化后收缩性小，并有一定的防锈性，能与多种面漆配套使用，可以大大提高施工速度和产品质量，因此，深受汽车修理行业的欢迎并被广泛使用
酚醛腻子	由中油度酚醛漆料与颜料、体质颜料研磨后加催化剂和 200 号溶剂汽油配成	涂刮性好，易打磨
醇酸腻子	由醇酸树脂、颜料及大量体质颜料、适量催干剂及有机溶剂研磨制成	腻子层坚硬、附着力好、易涂刮，但涂刮太厚不易干燥和打磨

续表

名 称	成 分	特 性
硝基腻子	由硝化棉、醇酸树脂、顺酐树脂、颜料、大量体质颜料和有机溶剂制成	干燥后易打磨，供涂有底漆的物体表面填平孔隙用，或喷涂头道面漆后，刮涂小的砂孔用
过氯乙烯腻子	由过氯乙烯树脂、醇酸树脂、增韧剂、颜料、体质颜料和少量溶剂（苯、酯、酮类）制成	干燥快，不宜多次重复涂刮
环氧酯腻子	由环氧酯与颜料、体质颜料混合研磨后加催干剂和二甲苯制成	腻子层坚硬、耐潮性好，与底漆有良好的附着力，经打磨后表面光滑，需烘干（先在50～60℃的温度下烘烤 30 min，再升温至100～110℃烘烤 1 h）
氨基烘干腻子	由氨基树脂、醇酸树脂、颜料、大量体质颜料、催干剂、二甲苯等配制，经烘干而成	附着力较好，易打磨，不粘砂纸

3. 腻子的施工

（1）聚酯腻子（原子灰）的施工。原子灰由主剂与固化剂两组分组成，使用时需将两组分按比例混合。一般主剂是淡灰泥浆状，固化剂有黄色、蓝色、红色等。

施工步骤和注意事项如下：

1）施工前应将罐内的主剂调和均匀，底面稠度一致，以利于刮涂和固化。固化剂要先打开管盖将空气挤出，然后用两手掌在管外揉搓均匀。

2）调配时用刮刀把主剂拨在托板上，固化剂按主剂的 2%～3%加入（参照供应商的要求调配），用刮刀来回刮抹主剂和固化剂，使之混合均匀（从颜色混合均匀度观察），混合不匀则产生固化不匀、附着力差、起泡、剥落等现象。

3）刮涂原子灰前，物体表面应无油、无脏物，凹陷处的旧涂膜应铲除干净。

4）刮涂腻子时应使用硬刮具，可用牛角板、钢板、胶木板、环氧板、橡皮板等，如图 1—6 所示。对低凹面积较大的部位，要利用原子灰干燥快、未干透可复涂的特点，不要一次刮涂太厚，分 2～3 次进行挤压式刮涂（先挤压式刮一层，待其凝固未干透，即可在其上面复涂 1～2 层），这样容易填满凹部，也不易产生细洞穴及腻子边缘口子，打磨时省力。刮涂面积应每层逐步扩大，腻子层厚度由厚到薄。

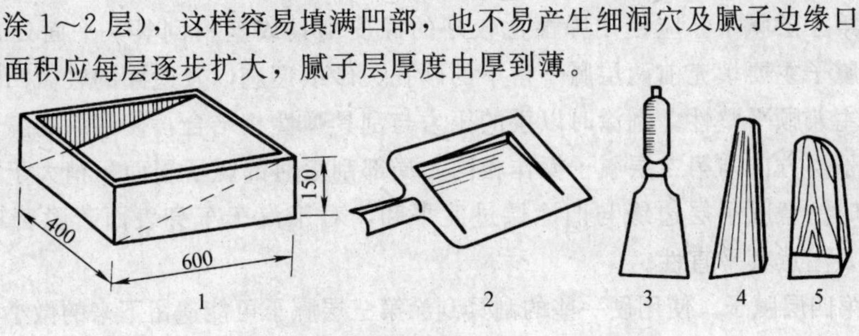

图 1—6　刮腻子的常用工具（单位：mm）

1—调拌腻子盒　2—钢制腻子板　3—腻子铲刀　4—牛角刮刀　5—橡胶刮刀

刮涂时视物体表面损坏程度和损坏面积，可满刮（全部刮）或补刮（局部刮）。用刮刀刮涂腻子时，刮刀与物体表面倾斜角以 50°～60°为宜，如图 1—7 所示。刮涂腻子时，注意以高处为准，再找水平，对特别高的部位应敲平，以减少腻子层的厚度，方便施工。

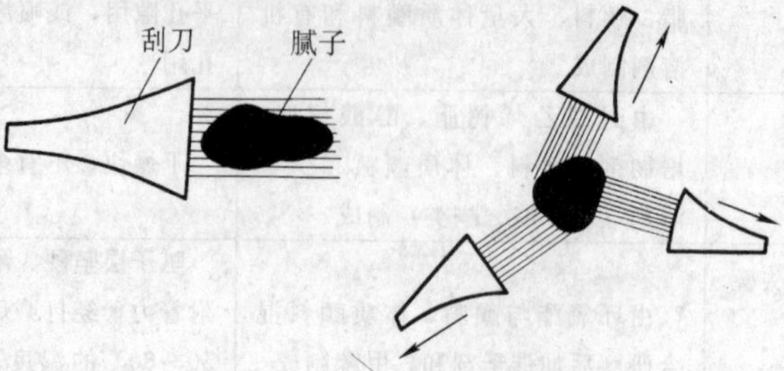

图 1—7　刮刀的运刮方向

刮涂腻子具体操作如下：

①刮涂第一层腻子。要用硬刮具刮涂，对较大凹坑可选用较宽的硬刮具。刮涂此腻子层时，只求平整，不求光滑；对汽车车身表面较大的凹坑刮涂只要初步平整，不要为了一次刮平而使腻子层厚度超过 5 mm。刮涂方向横、竖均可，以有利于填平凹坑为准则，对汽车车体表面折口及轮廓线的损坏处，刮涂时要注意造型及平直性，为以后刮涂各层腻子操作打下良好的基础。

②刮涂第二层腻子。汽车车身平面处仍用硬刮具刮涂，但对圆弧较大部位也可适当使用橡皮刮具或塑料刮具。此层腻子仍以填平低处为主，不求光滑。该层腻子厚度应比第一层稍薄，局部刮涂时的面积应略大于第一层腻子的面积，满刮时要注意物体边缘腻子的平直性。较大物面刮涂时与上一层腻子的接口应错开，即不要使各层腻子的接口在同一部位，以免产生缺陷。满刮腻子层应注意刮涂方向，应顺着流线型（按汽车造型水平方向）方向，并遵循从上到下、从左到右的原则，刮涂时尽可能拉长一些，以减少刮涂接口。注意腻子层的厚度与原涂面基准点平齐。由于补刮腻子层范围逐渐扩大，对邻近的补刮腻子层，视具体情况可在第二层或第三层刮涂腻子层时连成一片，以减少腻子层边缘，利于打磨。

③刮涂第三层腻子。应使用弹性比较好的橡皮刮具或塑料刮具，平面处也可用硬刮具。这一层腻子主要填充前两层腻子留下的砂孔、砂纸痕迹以及遗漏的轻微凹陷。施工原则是光滑为主兼顾平整性。刮涂时以手的压力与刮具弹性相结合，使刮涂的腻子层平整光滑。满刮腻子层方向与第二层腻子操作相同。局部刮涂时的腻子层面积稍大于第二层腻子的面积，同时注意腻子层边缘与旧涂层过渡平和，对于汽车车身表面若隐若现的轮廓形线，刮涂时要注意其平直性。

④刮涂第四层腻子。使用硬一些的刮具刮涂第三层腻子可能遗留下来的微小砂孔及砂纸痕迹。利用硬刮具的刮口薄且均匀地刮涂一层光滑腻子。局部刮涂的腻子层面积可扩大一些，以消除旧涂面上打磨前几层腻子时可能遗留下来的砂纸痕迹，确保喷涂工作顺利进行。

5）打磨腻子时应注意原子灰腻子只能干磨，不能水磨，因为原子灰的吸水性很强，当水磨残留水分不能很好挥发时，会导致涂膜出现起泡、“痱子”、剥落、金属底材锈蚀等现象。打磨腻子层主要是为了取得平整光滑的表面。打磨腻子层可采用手工或机械打磨，机械打磨适用于修补面积较大以及平整的物体表面，可降低劳动强度，提高工作效率。手工打磨适用于一些形状复杂的物体表面，如转角、折口、外形线、弧形部位、凹形部位等，打磨时两种方法可结合进行。

①打磨第一层腻子。第一层腻子的打磨只要求初步平整，不求光滑。

手工打磨可使用60[#]砂纸，打磨直至物体表面最高点露底后，即以该最高点为基准，再修整平整度。打磨时产生的粉末会堵塞或粘积在砂纸的砂料面上使打磨工作受阻，应常拍打砂纸或更换砂纸以提高打磨工作效率。手工打磨时注意沿打磨块长度方向，顺车身流线型水平方向做来回往复运动。打磨来回幅度要适当长一些，以利于打磨平整。绝不能做圆周运动方向打磨。动作要平稳，用力要均匀，当物体表面最高点露底后，注意与表面的平整性，防止过度打磨再次形成凹坑。打磨呈波浪形的大平面应选用长一些的木块或橡胶块做衬块。打磨局部刮涂的腻子层，要注意腻子层与旧涂面基准面的平整度及腻子边缘的平整性，俗称腻子口要磨平，以防产生腻子层边缘痕迹。打磨折口、外形线、圆弧形时要注意造型及线条的平直性。

机械打磨腻子层用的打磨机有圆盘式（单圈圆形运动和双重圆形运动）和板式。打磨第一层腻子一般采用圆盘式打磨机，使用圆盘式单圈圆形运动打磨时，不能把其平放在打磨面上，而是应稍微倾斜，利用旋转边缘 30 mm 作为打磨机面，以连续直线移动，使打磨痕迹呈直线状。当腻子表面刮痕基本消失后，可用双重圆形运动打磨配合使用，以避免产生较深的圆形磨痕。当打磨到与四周基准点接近时即可，以留出修整打磨的厚度。

②打磨第二层腻子。要求物体表面达到基本平整，无明显低凹，折口线、外形线、弧面造型与原型一致，注意线条的平直性。

机械干磨时用120[#]砂纸，打磨机运用双重圆形运动打磨机为好。

手工打磨时要恰当选用打磨块，如大的平面要用大一些的打磨块，对于棱角或窄小的部位则应选用小的打磨块，而对于一些圆弧、凹弧或有型线的部位，则需选用或仿制与其形状相似的打磨块。

打磨满刮腻子层时，以车身流线型水平方向为主，垂直方向、斜交叉方向为辅，注意水平方向与垂直方向、斜交叉方向的平整性。动作要协调平稳，并要不断地湿润腻子表面。在水平方向打磨时来回幅度要大一些，约 0.8 m 左右为宜。在打磨中要经常用手抚摸砂磨面，以测定打磨程度。对于油性腻子层来说，不要将腻子层磨穿，物体表面边口残余腻子要用砂纸磨平，以防产生边口成齿形现象。打磨局部刮涂的腻子层时，要注意打磨面的厚度与旧涂面的平整度，既不能高也不能低，打磨难度比满刮腻子层高。腻子层的边缘要既平整又平和。

③打磨第三层腻子。基本要求是物体表面上微小的凹坑、砂孔应全部消除，达到既平

整又光滑、无缺陷、无砂孔、局部刮涂腻子边缘无接口，外表造型恢复原样。此时以手工打磨为宜，有利于对弧形面的修正，宜用 120# ～130# 砂纸。以车身流线型水平方向为主，要注意凸出物体表面的折口线、外形线的平直性，一般不要垂直方向或斜交叉方向打磨，以防产生垂直方向的打磨痕迹或砂纸痕迹。流线型水平方向的痕迹与流线方向一致，其有机结合使肉眼不易察觉；而垂直的痕迹恰恰相反，稍有砂磨痕迹即会明显地显露出来。对物体表面的圆弧、折口、凹角等不宜用打磨块砂磨的地方，可用拇指夹住砂纸，四指平压砂纸于物体表面上，然后均匀地来回运动摩擦物体表面做修整打磨。

④打磨第四层腻子。若通过以上三层腻子的刮、磨后已达到喷涂要求或物体表面本身精度要求低，则第四层腻子可省略。但若物体表面精度要求较高或三层腻子刮、磨后还不能达到施工要求，即要进行第四层甚至第五层腻子的刮磨工作。

⑤打磨第五层腻子。宜手工打磨，使用 260# ～320# 砂纸。打磨平面时可使用打磨块打磨外形复杂的表面，拇指夹住砂纸，四指平压砂纸于物体表面上，然后均匀地沿水平方向来回运动。打磨时基本上把刮涂于物体表面的第四层腻子砂磨干净，仅在第一、二、三层腻子可能留下的小砂孔内留下第四层腻子。不要过度打磨，以免把底漆层及第三层腻子磨穿，从而破坏折口线和外形线的平直性。

⑥打磨完成后。应吹净表面灰尘并用脱脂剂脱脂，这时物体表面应平整光滑，无砂孔、无缺陷，物体表面边缘无缺口和齿形，局部刮涂腻子边缘平整光滑且无接口痕迹，否则要进一步刮涂和打磨。

6）使用原子灰的注意事项。一般的原子灰不能直接用在镀锌铁板上，只有专用的钣金原子灰才可以。固化剂量太少会导致腻子层干燥，干燥后与金属结合力差，易起泡、剥落，打磨时腻子边缘平滑性差；固化剂量太多会产生过多的气体，从而产生气孔，影响整个涂层的质量。原子灰主剂与固化剂配制后，要在可使用时间内（一般为 7～10 min）用完（使用时间受温度与相对湿度的影响）。刮涂后的腻子层在干燥后（一般为 20℃时经 1 h）才能打磨，相对湿度高、温度低时干燥时间要适当延长，也可用红外线灯干燥来缩短干燥时间。经过配制后的原子灰不能再装入原来的容器中。工具使用完毕后，应立即用稀释剂清洗干净，以免凝结而损坏工具。不要把原子灰刮涂在酚醛底漆、醇酸底漆和磷化底漆上，以免产生脱落、起泡现象。原子灰可直接刮涂于黑色金属表面、高温烤漆和双组分漆上。打磨腻子时，不要在周围的旧涂膜上留下深的砂纸打磨痕迹，以防涂装面漆时，溶剂会从这些伤痕处渗透下去，使上层面漆涂装后产生一些涂膜缺陷。原子灰的保存期比其他涂料品种的保存期短，一般为生产后 6～12 个月（请参照生产商的要求），原子灰刮涂层间不需要涂底漆，第一层腻子稍干即可重叠刮涂第二层腻子，不会发生面层封闭而使底层腻子不干的现象。

（2）快干腻子（幼滑腻子）的施工。快干腻子俗称填眼灰、小灰等，有硝基型及双组分型，既可用于刮涂操作，也可用于喷涂操作，颜色有白色、红色、黄色等，可根据需要选用。快干腻子主要适用于填嵌原子灰施工后产生的砂痕、砂孔以及物体表面上的微小凹陷。此类腻子颗粒细腻、快干、易打磨、腻子边缘平滑。硝基型快干腻子在汽车修补涂装中使用普遍。下面以硝基型快干腻子为例来说明快干腻子的施工及注意事项。

1）快干腻子适宜刮涂砂孔、砂痕及微小凹陷的小面积作业。

2）快干腻子在托板上调匀后，应迅速刮涂。在刮涂操作中要快而灵活，腻子层以薄而均匀为宜，若需适当厚度，以薄层多刮操作来实现，即刮一层薄的，待干后再复刮一层的操作方法。刮涂面积过大，则刮涂操作有一定的难度。

3）快干腻子在薄涂时干燥很快，但在厚涂时表面易封闭，溶剂挥发受到影响，干燥很慢，且堆积性差，因此，快干腻子不能替代填充性腻子。

4）在小面积单个修补中也可代替最后一道腻子层及二道底漆。在时间紧、修补面积小的情况下，仅为这一小块还需遮盖不涂面及使用喷枪喷涂二道底漆，费时费工。若采用快干腻子薄层多刮的操作方法，既能消除砂痕、砂孔，又能起到二道底漆的封闭作用，省时省工，还可加快施工速度。

5）一般快干腻子刮涂于中涂底漆上，打磨后直接喷涂面漆，因此，砂纸的选用应视物体表面精度要求及喷涂面漆的种类而定，一般选用 400# ～800# 水砂纸湿磨为宜，如面漆是银色底漆或珍珠漆，则选用 800# 水砂纸较为适宜。

6）快干腻子打磨应让其自然干燥到硬化后再打磨，过早打磨会产生收缩及打磨痕迹。打磨时应用打磨块衬水砂纸湿磨。对于一些精度要求高的物体表面或快干腻子刮涂面积较大的部位，必要时还需喷涂封闭底漆以保证涂层质量。

1.2.3 中涂底漆

1. 中涂底漆的作用

中涂底漆在涂层组合中是在面漆之下的涂层，主要起到增强涂层附着力的作用，同时还起到加强底涂层的封闭性和填充细微痕迹的作用，因此，中涂底漆要有一定的附着力、耐溶剂性及填充性，以保证为面漆提供一个完美的施工表面，并突出面漆的装饰性。作为面漆层与底漆层、腻子层、旧涂层之间的媒介层，中涂底漆还应具有对底漆层、腻子层、旧涂层、面漆层的良好配套性。目前在汽车上使用的底漆、腻子及面漆品种繁多，性能各异，正确选择中涂底漆非常重要，这不仅关系到合理使用涂料，发挥中涂底漆的特性，还关系到节约面漆、降低成本、方便施工以及提高面漆的装饰性等一系列问题。另外，中涂底漆的施工方法和条件如涂膜厚度、干燥条件、喷涂技术、稀释剂选用、涂料黏度、施工设备、施工环境、腻子作业的质量等都会影响中涂底漆涂装后的质量，进而影响面涂层的质量。因此，必须重视中涂底漆在涂层中的作用，重视中涂底漆的施工质量。

2. 中涂底漆的特点

汽车涂层修补中的中涂底漆品种较多，分类方式也多种多样，如根椐组分分为单组分和双组分；根据树脂种类分为环氧、硝基或双组分聚氨酯丙烯酸等。无论采用哪种汽车修补涂装，使用的中涂底漆都必须具备一定的特性。

（1）与底漆、腻子、旧涂层及面漆层有良好的配套性，例如，同时为底漆层和面漆层提供良好的附着力。

（2）干燥后涂层硬度适中，有良好的打磨性能及耐水性，湿磨后表面平整光滑，无起皱、脱皮等，局部喷漆边缘平滑性好，无接口痕迹。

（3）有良好的填充性能，经过打磨后能消除物体表面上的轻微划痕、砂痕、小砂孔等。

（4）能阻止面涂层的溶剂渗透到底涂层、腻子层、旧涂层。

（5）有良好的隔离性能，防止底漆层、腻子层、旧涂层的不良物质向面涂层渗出而污染涂膜表面，破坏面涂层的装饰性。

（6）能提供给面涂层一个吸附性一致的涂面，同时由于其本身有良好的防渗透性，可以提高面涂层的光泽度，因而极大地提高了面漆的装饰性。

（7）汽车涂层修补用中涂底漆应具有良好的施工性能，如温度适应性、干燥迅速、施工容易。

3. 中涂底漆的施工

（1）环氧中涂底漆。氨基固化的双组分环氧底漆一般是底漆、中涂二合一的底漆。该涂料用于涂有底漆或腻子层的涂面上，对底层附着力好并有填平腻子的砂孔、砂痕的能力，有防止面漆的光泽被底涂层吸附的作用，其使用方法和注意事项已在有关底漆的章节中做过介绍。

（2）硝基中涂底漆。硝基底漆干燥迅速、易于打磨，经打磨后表面平整光滑，适合用做中涂底漆。硝基底漆的使用方法及注意事项如下：

1）硝基底漆含颜料较多、易沉淀，使用时应彻底搅拌均匀，其黏度用硝基稀释剂调整。

2）工作黏度以 15～20 s（涂－4 黏度计，20℃）为宜，喷涂压力以 0.4～0.5 MPa 为宜。由于固体含量较低，一般需喷涂 3 层以上，每层间隔 10 min 左右。

3）硝基底漆在常温下表干 10 min，实干 1 h。具体产品参数请参照供应商提供的参数。

4）可与各种硝基面漆以及双组分丙烯酸聚氨酯面漆配套使用。

（3）双组分丙烯酸聚氨酯底漆。双组分丙烯酸聚氨酯底漆的固化剂为异氰酸酯，一般小面积修补直接用于黑色金属上或磷化底漆、环氧底漆等表面。其附着力、耐水性、耐热性、耐化学性很好，而且干燥快，打磨性及对面漆的保光性能都非常好，因此，在汽车修补涂装行业有着广泛的应用。

双组分丙烯酸聚氨酯底漆的使用方法及注意事项如下：

1）一般以喷涂为主，也可刷涂或滚涂。

2）直接用于金属表面时，底材必须经过处理，处于无水、无油、无酸碱、无机械杂质、无灰尘的状态。

3）严格按照供应商的要求配比，搅拌均匀后方可使用，并在使用时效内用完。干燥温度一般为 60℃，时间 30 min，具体情况请参照供应商的要求。

1.3 车用塑料件的恢复喷涂

随着非金属材料在汽车上的广泛应用，非金属材料的修复方法也越来越受到重视。中级教材第一单元已对车用塑料件的喷涂做过介绍，本节将继续对车用塑料件的焊修和粘接、车用玻璃钢板件的修复以及不同材质的车用塑料件喷涂进行深入介绍。

1.3.1 塑料件的焊修

1. 热空气焊接原理

塑料焊接采用热空气塑料焊接焊炬，如图 1—8 所示。热空气塑料焊接焊炬是采用陶瓷或不锈钢电热元件产生热风，热风的温度为 230～340℃，热风通过喷嘴吹到焊件及焊条上，使其软化，将加热后熔化的塑料棒压入接缝即可。在焊接过程中，塑料的焊接收缩量比金属大，所以在焊接下料时应多留焊接余量。

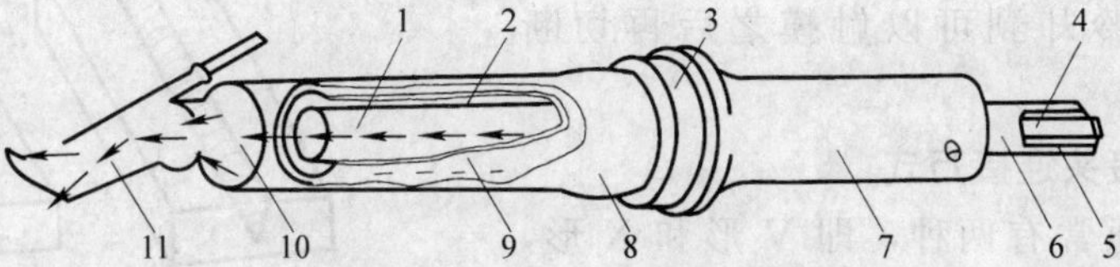

图 1—8 热空气塑料焊接焊炬

1—加热元件 2—加热腔 3—固定螺母 4—120 V 交流电 5—压缩空气或惰性气体
6—空气管 7—把手 8—外套管 9—内套管 10—热空气 11—焊嘴

热空气塑料焊接焊炬配有不同种类的焊嘴，其应用范围不同。定位焊焊嘴用于断裂板件的定位焊，这种焊接在必要时可以轻易地拉开，以便重新定位；圆形焊嘴用于充填小的孔眼或形成短焊缝，也可用于难以靠近部位的焊接和尖角部位的焊接；快速焊嘴用于直而长接缝的焊接，这种焊嘴可以夹持焊条，可以对焊条预热，并将焊条喂到焊道处，因而可进行快速焊接。

2. 热空气塑料焊接焊炬的基本使用方法

（1）逆时针方向拧松控制手柄，使调压阀关闭，以免因压力突然增高而损坏压力表。

（2）将调压阀接到压缩空气或惰性气体的供气路上。使用压缩空气时，应把调压阀调到管线的标准压力 1.4 MPa 左右，如果使用惰性气体，则需要使用减压阀。

（3）接通气源，其初始压力取决于加热元件的功率。

（4）将焊炬接到指定的交流电源上。

（5）在指定的工作气压下预热焊炬。必须保持从预热升温到冷却降温整个过程中焊枪都有气流通过，以免加热零件烧坏或使焊炬受损。

（6）选用适当的喷嘴，并用钳子将其插接到焊炬上。

（7）喷嘴装好后，因背压的作用而使温度稍有升高，经过 2～3 min，喷嘴即可达到所需的工作温度。

（8）用温度计检测距喷嘴热风出口 6 mm 处的温度，对于热塑性塑料，该处温度应为 230～340℃。焊机说明书中一般都配有焊接温度选择图表。

（9）如果上述部位温度对于焊接材料来说太高，则可把压缩空气的压力稍稍调高，直到温度下降；如果温度对于焊接材料来说太低，则可稍稍降低压缩空气的压力，直到温度升高。在调整压缩空气的压力时，应保持 1～3 min，使温度在新的设定条件下达到稳定状态。

（10）压缩空气的压力过大不会损坏焊炬及其加热元件，但压力过低则加热元件会过热，因此，在调低压缩空气压力时，切不要调得低到把手处的套筒固定螺母热到烫手的程度。固定螺母烫手，则说明出现了过热。

（11）气路内滤网堵塞或电压不稳定也能引起过冷或过热，应加以注意。

（12）如果套筒端部的螺纹太紧，应当用优质、耐高温的油脂清理，以免螺纹卡死。

（13）焊完后，应先切断电源，待几分钟之后或到套筒冷却到可以触摸之后再切断气源。

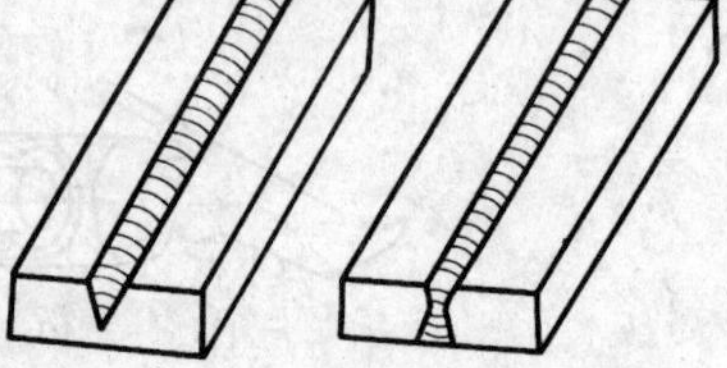

图 1—9　焊缝的两种形式

a) V 形单面坡口　b) X 形双面坡口

3. 焊缝形式和接头连接方式

焊缝形式通常有两种，即 V 形和 X 形，如图 1—9 所示。X 形可用于厚度较大的焊接。此外，焊缝的角度大些，强度也可提高。塑料板开坡口与金属相同。

4. 接缝的定位焊

用夹钳或铝质车身胶带对焊口进行定位固定，用定位焊喷嘴沿着焊口进行定位焊。喷嘴要压紧，确保喷嘴接触到焊口的两边，而且要匀速、稳定地移动。在进行定位焊时不要用焊条。用喷嘴在断口底部将两板同时熔化成很窄的一条，熔化后两板即焊接到一起。必要时还可断开进行定位调整，然后再焊上。

5. V 形坡口焊接

开完坡口后，将焊条端部切成 60°的切口。操作过程中，焊嘴离焊缝 12～13 mm，焊炬倾角为 30°。焊条垂直于塑料板，如图 1—10 所示。焊条与塑料板同时被加热到发光并带有黏性，则焊条便会粘住板片，此时必须维持焊条与塑料的正确温度，切不可过高。若温度过高会引起焊缝皱裙，变为棕色，降低焊接强度。为保证焊条与塑料板适当的焊接温度，焊炬的操作可如图 1—11 所示上下垂直运动，以使塑料板焊缝处得到更多的热量，并均匀受热，当焊条与塑料板边缘受热熔化时，都略带亮光，对焊条略施压力，就会使其伸入焊缝。继续加热，焊条与焊缝材料互熔结为一体。如果焊条落入焊缝后堆成一团，或焊条在焊接过程中拉断，则焊缝强度必然降低。因此，焊接速度和焊条的熔化应配合协调。塑料焊接时的平均速度应保持在 150～200 mm/min。

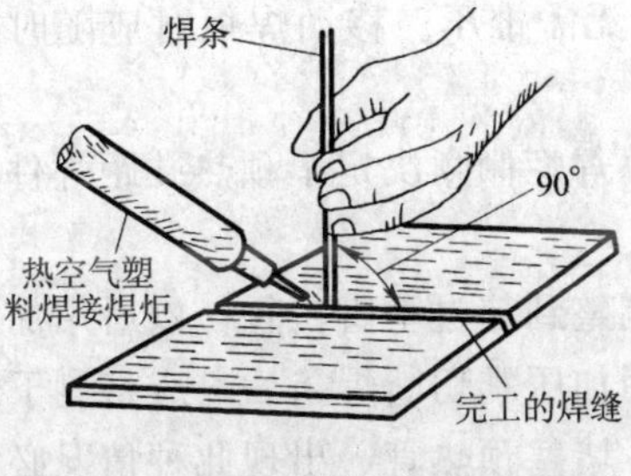

图 1—10　焊条应保持与焊缝成 90°

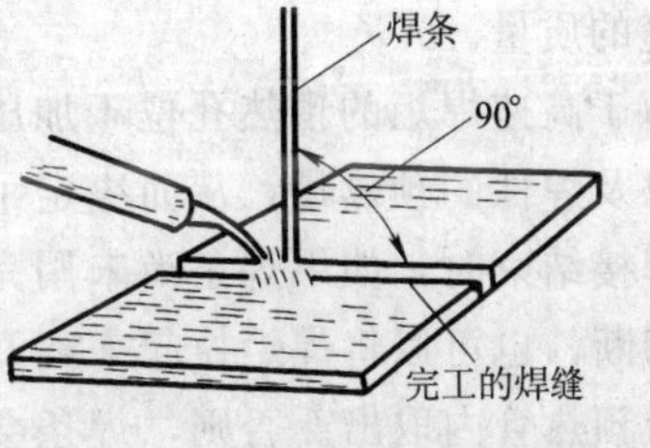

图 1—11　焊炬在焊缝上运动

在整个焊接过程中，焊条上的压力应保持一致。当需要另接一根焊条时，应在焊条尚未太短而不能把持之前即停止焊接。随后将焊条和塑料板接触点快速切断。新焊条也切成 60°，保持接合处平滑过渡。结束焊接时，宜迅速加热焊条和塑料板片的接触区域，停止焊条移动。移开焊炬，并继续保持对焊条的压力直到焊缝冷却后拧断焊条。

塑料板的焊缝不应出现棕黄色或皱褶。若出现此现象，说明焊接温度过高。焊缝应能看出沿接触两侧焊条与板材完全熔合。焊条不应比焊接前拉长或压粗，与原来圆形断面相比，应略显扁平状。如果焊缝不完全互熔，焊缝中有明显的焊条形状，说明焊接热量不足。良好的焊缝应在焊缝的两侧出现小流线或波纹，说明压力和热量适当，焊条与塑料板完全熔合。

焊缝可用 36# 砂纸打平，对于大面积焊缝则可使用砂轮直径为 220 mm 或 240 mm 的低速砂轮机磨平。在打磨之前，应先用刀子把多余的塑料刮掉。打磨时，应注意不要引起过热，以免塑料变形。为了加快打磨速度而又不致损坏焊缝，可以定时加水进行冷却。粗磨后，应目测检查焊缝是否有缺陷，焊缝不应有气眼和裂纹，受到弯曲也不应该产生任何裂纹。

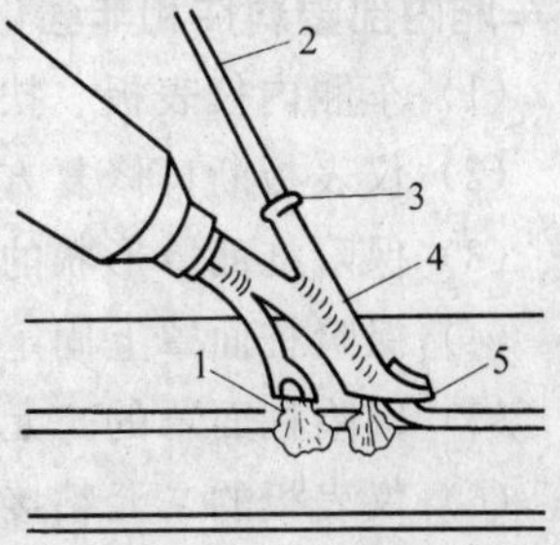

图 1—12　塑料的快速焊接

1—预热喷嘴　2—焊条　3—焊条导管　4—预热管　5—加压掌

粗磨后，应进行精磨，先用 220# 砂纸，再用 320# 砂纸对焊缝进行精磨，可以用带式或用回转式磨光机打磨，必要时再用手工打磨。如果需要重新进行表面处理，则应按塑料表面处理方法进行。

6. 快速焊接技术（见图 1—12）

高速塑料焊炬的握持方法与匕首的握法相似，软管在手腕的外侧。焊接开始时，焊炬喷嘴应在起点上方距焊件 80 mm 远，以免热风影响焊件。

将焊条截成 60°的偏口后插进焊炬的焊条预热管内，然后立即将加压掌压到焊件上的起焊部位，并使焊炬与焊件表面垂直，再将焊条插到底，使之在焊缝起点顶住母材。必要时，可将焊炬略微抬起而将焊条压到加压掌下。用左手轻压焊条，加压掌处的压力只能是焊炬本身的重力，不要再施加压力。慢慢向身边移动焊炬，开始焊接。

在焊接初始的30～50 mm，需轻轻向下推压焊条进入预热管。焊接正确开始之后，则应将焊炬倾角调至45°，这时焊条就能自动滑入而无需推压。移动焊炬时应随时注意观察焊缝的质量。

由于高速焊炬的预热孔位于加压掌的前方，所以焊炬倾角决定了预热孔距焊件表面的距离以及焊件的预热量，从而决定了焊接速度。

焊接结束时，如果焊条尚未用完，则应将焊炬调整到超过垂直位置，然后用加压掌将焊条切断，也可以将焊炬拉起来离开剩余的焊条。用加压掌切断焊条后，应将剩下的焊条立即从预热管内取出。否则，焊条会被烧焦、熔化，堵塞预热管，出现此种情况必须用插入新焊条的办法来清理预热管。

1.3.2 塑料件的连接

1. 塑料板件的铆接和粘接

（1）铆接。塑料板在某些结构中可以用铆钉接合，一般是用塑料铆钉、铝铆钉或黄铜铆钉。但绝不可与金属钣金作业一样用钢铆钉，以免冲坏塑料板孔。

塑料铆钉是单件式，且能自行膨胀，可以从塑料板一侧铆接。铆接时应使用特制的空气枪。

（2）粘接。粘接法是用特别的聚氯乙烯胶制作胶合接头，将胶黏剂涂在粘接的地方，然后将两板件迅速粘接。被粘接的塑料应用夹具夹住，保持一段时间，即可达到使用强度。

2. 车厢内部塑料件和非强化硬质塑料件的修理实例

（1）车厢内仪表板、扶手或其他塑料板件塌陷变形的修复方法见表1—5。

（2）仪表板断口修复方法见表1—6。

（3）保险杠面罩形状的加热修复方法见表1—7。

（4）保险杠面罩上固定螺栓凸缘的更换方法见表1—8。

（5）保险杠面罩的二元粘接修复方法见表1—9。

（6）仪表板的二元粘接修复方法见表1—10。

（7）微小断口和裂纹的修复方法见表1—11。

（8）擦伤、撕伤和孔洞的修复方法见表1—12。

表1—5　　车厢内仪表板、扶手或其他塑料板件塌陷变形的修复方法

步骤	修复方法
1	用湿布或海绵润湿塌陷部位0.5 min。注意不要擦干，保持其湿润状态
2	用热风枪在距零件表面25～30 mm处加热塌陷周围部位，加热应由外向内。热风枪应始终做圆周运动，这样可使之受热均匀

续表

步骤	修 复 方 法
3	将上述部位加热至55℃左右，即到很烫手为止，但注意不要过热，以免引起乙烯塑料表层鼓包
4	戴上手套，将材料向塌陷中心擀压，一般需要做多次加热及擀压，也有些塌陷变形只需加热而无需擀压即可修复
5	塌陷变形修复后，用湿布或海绵使该部位快速冷却

表 1—6　　仪表板断口修复方法

步骤	修 复 方 法
1	将焊机调至适于氨基甲酸乙酯塑料胶黏剂的焊接温度
2	用肥皂水清洗，干燥，再用塑料清洗液清洗仪表板
3	如果损伤部位很脆，则应当用热风枪加热；如果断口卷起或参差不齐，则应剪平
4	制作V形坡口，坡口应深入泡沫垫层至少6 mm，单侧宽度尽量大些，并将靠近坡口的两侧磨糙至少6 mm
5	转动焊炬，使加压掌朝上，然后慢慢喂入焊条。焊接时，应先从坡口底部开始，逐渐使熔化的焊条充满整个坡口并与板件齐平
6	除去多余的焊料后，抹平，在槽的两边原来坡口的上方至少6 mm范围内做出缓缓的斜度
7	冷却，然后打磨掉残留的多余焊料，磨糙乙烯搪塑表面，其宽度应比焊缝每侧宽出约50 mm，以便使釉料粘接牢固
8	施用适合于乙烯搪塑层的覆盖釉料，得到所需要的外形，然后晾干
9	对于未干的釉面进行仿形砂磨，偶然磨透的部位应重新上釉再砂磨

表 1—7　　保险杠面罩形状的加热修复方法

步骤	修 复 方 法
1	用肥皂水彻底清洗保险杠面罩
2	用塑料清洗液清洗，确保清除掉所有的路面沥青、油脂和旧涂膜
3	吹干或擦干
4	直接加热变形部位，直到其背面很烫手时为止
5	必要时可用调漆板、橡胶锤或木块敲打，帮助恢复形状
6	用冷水润湿的海绵或布对加热部位进行快速冷却

表 1—8　　保险杠面罩上固定螺栓凸缘的更换方法

步骤	修 复 方 法
1	用肥皂水彻底清洗断口处，然后吹干或擦干
2	在断口处从两面制作坡口，坡口至少宽6 mm
3	将坡口附近表面磨糙，并清净碎末
4	用铝质车身胶带做出凸缘的模子，边缘向上弯，形成新凸缘的厚度

续表

步骤	修复方法
5	将焊接温度调至适合于所焊塑料的规定值，进行预热
6	开始焊接，慢慢将焊条向预热管内推进，模子内的焊料可略多充填一些，并使熔化的塑料与母材熔合
7	整形，然后快速冷却
8	揭下车身胶带，在另一面上沿断口线做出深约板厚一半的 V 形坡口
9	进行焊接，将坡口填满，快速冷却，然后用安装有 60# 或 80# 砂轮片的低速砂轮机修整表面，得到所希望的外形

表 1—9　　保险杠面罩的二元粘接修复方法

步骤	修复方法
1	用肥皂水清洗整个面罩，擦干或吹干后再用优质塑料清洗液清洗
2	用安装有直径为 75 mm 的 36# 砂轮片的低速砂轮机制作 V 形坡口，在损坏部分周围磨出单面坡口，宽约 40 mm
3	用装有 180# 砂纸的打磨机，打磨掉坡口附近的旧涂膜，并清除粉末。视损伤程度确定背面是否设置加强件
4	用塑料清洗液清洗背面，根据胶黏剂工艺要求涂一层助黏剂
5	取等量的柔性环氧树脂胶黏剂的两个组分，均匀混合到颜色一致，再用塑料刮板把其涂在一块玻璃纤维布上
6	将这块饱含环氧树脂的布贴到面罩背面，再把另外的胶黏剂填充进布的织网里
7	当将背面加强件固定到位后，在砂纸打磨过的面罩正面修理部位涂一层助黏剂，使其干透
8	在坡口内充填胶黏剂，并按说明书要求进行固化
9	先用 80# 砂纸，再用 180# 砂纸，最后再用 240# 砂纸打磨修理部位。如果发现需要在某些低凹部位或气孔内再填充一些胶黏剂，应先涂上助黏剂，再充填胶黏剂

表 1—10　　仪表板的二元粘接修复方法

步骤	修复方法
1	彻底清洗仪表板
2	用砂纸或砂轮打磨掉断裂的或松开的搪塑层，使泡沫材料暴露出来，不必制作 V 形坡口
3	根据说明书要求施用胶黏剂，一定要按说明书要求留有规定的固化时间
4	固化后打磨出需要的外形，必要时再涂一层表面胶黏剂，待固化后先用中等粒度砂纸打磨，然后再用细砂纸打磨
5	涂封闭剂，修整表面，做出纹理
6	按要求进行涂装

表 1—11　　微小断口和裂纹的修复方法

步骤	修复方法
1	用水和塑料清洗剂清洗修理部位，保证配合表面无蜡、无灰尘、无油脂等。使用塑料清洗液即可，无需使用其他溶剂
2	将零件预热至 20℃
3	在一侧断口表面先喷上助黏剂，然后再涂胶黏剂
4	把断口两侧仔细地放到原来位置，对接好后牢牢地压紧在一起，几分钟后即可达到足够的粘接强度
5	按胶黏剂说明书和注意事项固化 3～12 h，即可达到最高的强度
6	如果零件表面原来的涂膜并未损坏，而且修理中正确地对好了位置，则粘接后可不需涂装。如需涂装，则一定要按涂料使用说明书进行

表 1—12　　擦伤、撕伤和孔洞的修复方法

步骤	修复方法
1	用清除蜡、油脂和硅质等污物的溶剂彻底清洗损坏部位。用浸湿了水的布涂抹，然后抹干
2	用直径为 75 mm 的中粒度砂轮在损伤部位边缘制作坡口，坡口宽度为 6～9 mm。用这种砂轮片可使坡口表面粗糙，便于粘接
3	打磨配合表面。打磨时宜用低速（不高于 2 000 r/min）。如果打磨后的表面较光滑，最好先涂一层助黏剂，且每次打磨后都应再涂一层助黏剂
4	用细一点的砂轮修整坡口边缘，打磨掉旧涂膜，但要尽量少磨掉塑料材料，并使涂膜逐渐过渡到塑料层。打磨掉的损坏部位周围的涂膜宽度应在 25～40 mm 之间。在进行下一步作业之前，要仔细清理干净一切涂料及粉末，粘接前必须保证表面绝对干净
5	进行烧燎处理，用以改善粘接效果。烧燎所用的工具为氧—乙炔焰，对火焰要进行控制，焰心约 25 mm长。烧燎时，火焰要仔细地对着磨糙的坡口表面，保持一定速度运动，将其烧至淡棕色。烧燎时一定要特别小心，不要使表面发生变形或烧着涂膜
6	在修理部位粘上铝质车身胶带。用溶剂清洗内表面，然后粘贴上铝质车身胶带，将损伤部位全部盖住
7	在涂敷结构胶黏剂前，应将零件背面彻底清理干净，然后粘贴上铝质车身胶带以起支撑作用。为获得最佳的效果，应将铝质车身胶带做成盘形，中部凹下，这样可使胶黏剂在背面能与修理部分重叠。使用车身胶带的好处是可以不必把零件松开或从车上拆卸下来，但有些车型可能仍需拆下部分零件
8	胶黏剂的准备应按说明书的要求进行。大多数胶黏剂都分装在两个管内。将其挤到干净、平整、光滑、不渗透的玻璃或金属板上（从每个管挤出的量应相同），然后，为了减少气泡，用刮板刮抹的方式将其完全混合均匀。混合好的胶黏剂色泽及成分应均匀一致
9	用橡胶刮板或塑料抹子将胶黏剂抹到孔洞处，这个过程要求既迅速又仔细，胶黏剂将在 2～3 min 之内开始固化。通常需要涂抹两次。第一次仅仅是填充损坏部位的底部，无需担心表面形状，但要做到充填损坏部位内的大部分体积，而后在室温下固化 1 h 或用加热灯、热风枪加热到 95℃固化 20 min
10	打磨第一次涂抹的胶黏剂，用细砂轮磨掉过高的部位，清除粉末，然后清理干净

续表

步骤	修复方法
11	进行第二次涂抹。按步骤 8 那样混合第二次涂抹用的胶黏剂，并刮抹到修理部位。为了形成修理部位所需要的外形，要多充填一些。这时所用的刮板最好有一定的柔性，以便能形成理想的板件表面形状
12	胶黏剂固化后，先用 80# 砂纸打磨块初步打磨出周围区域的表面形状，然后用盘式砂纸打磨机和 80# 砂纸修整边缘，再用 240# 砂纸将表面打光，达到零件表面平整。检查是否仍有低凹、小坑或气孔等缺陷，如果有，则应再刮抹一些胶黏剂
13	用盘式砂纸打磨机和 320# 砂纸修整边缘和精磨，然后除去粉末和疏松材料

1.3.3 玻璃钢板件的修复

国外从 20 世纪 80 年代开始大量使用玻璃钢材料制作车身，如欧洲 FIAT 轿车以玻璃钢的片状模塑料制作外翼、后盖及前后门，并用聚碳酸酯及改性聚苯醚制造前后保险杠、内翼板之类的车身部件。英国莲花汽车公司的四座轿车，甚至采用了全玻璃钢车身（不饱和聚酯材料）。

我国车身局部玻璃钢化已较普及，如保险杠、发动机罩及弯度较大、形状复杂的车身部件等。随着原材料的不断开发利用，玻璃钢材料在汽车上的应用也日益增多。

1. 玻璃钢材料的主要优点

玻璃钢是一种强度很高的结构材料，具有以下突出的优点：

（1）密度小，强度高，有些玻璃钢的抗拉、抗弯和抗压强度都在 3 922 N/m^2 以上。其比强度（强度与密度之比）超过钢材。

（2）导热率较小，仅为金属的 1/100～1/1 000，是优良的绝热材料。

（3）玻璃钢在超高温时产生大量气体，吸收大量热量，是一种良好的热防护和耐烧蚀材料。

（4）具有优良的耐磨损性能。

（5）具有良好的电绝缘性能，能透过高频电波，非磁性。

2. 玻璃钢材料的主要缺点

（1）弹性低，一般只有钢的 1/10～1/20。

（2）长期耐高温性能较差，一般不超过 200℃。

（3）抗剪强度及长期循环负荷强度较低。

3. 玻璃钢板件的修复

对玻璃钢板件局部撞伤应进行挖补修复。对板件连接处的裂缝可进行胶粘修复。

（1）补板制作玻璃钢构件有各种成形方法，如手糊成形、喷射成形、缠绕成形、模压成形等。对于补板制作，一般采用手糊成形。

手糊成形，即接触成形或不加压成形，是在阳模或阴模上用手工将树脂及玻璃纤维织物一层层铺盖上去，经滚压后固化而成。制作一种形状的补板通常用阴模，可以得到光滑的外表面。阴模可用木材、石膏、水泥、金属或玻璃钢等材料制作。操作时，应先在模具上涂以脱模剂，然后铺料，在表面层稍多加些树脂，操作过程中应注意以下问题：

1）使树脂均匀分布并固化完全，必须掌握树脂的合理配方及固化工艺。

2）使玻璃纤维层均匀或按局部加强要求分布各处，注意玻璃纤维表面与树脂界面应结合牢固，除了采用表面处理剂外，有时可适当加压片刻。

3）手糊成形时应注意排出气泡，防止补板中空。

4）制品表面应美观平整，符合修补要求。

5）补板厚度应根据原板厚度和挖补处结构强度要求确定。

（2）补板粘接。为提高粘接强度，一般采用环氧树脂粘接。这是一种含有环氧基的高分子化合物，应用最多的是双酚 A 型环氧树脂，由环氧氯丙烷和双酚 A 在氢氧化钠催化下缩聚而成，使用时加入固化剂。如果黏度较大，可适当加入稀释剂。修理时，为方便起见，常选用室温固化剂，如乙二胺、二乙烯三胺等。稀释剂有活性稀释剂和非活性稀释剂。活性稀释剂（如环氧丙烷丁基醚等），可掺入树脂起固化作用，对固化后的树脂性能影响不大；非活性稀释剂（如丙酮、苯等），不参与树脂的固化反应，必须在树脂浸渍玻璃纤维后烘烤掉，以免残留气泡，为加强固化树脂，可在修补处用红外线灯适当加热。

修补时应注意将修补处清洁干净，使粘接强度提高。另外，粘接面积应尽量大些。

1.3.4 车用塑料件的喷涂

1. 塑料保险杠的喷涂

（1）车用聚丙烯塑料件的喷涂。最常见的是聚丙烯塑料保险杠。聚丙烯保险杠对漆层的要求与金属表面不同，需要加入黏性剂和柔性剂。必须使用聚丙烯专用底漆作为内涂层，丙烯面漆中加入弹性剂，以免脱皮。

1）采用丙烯漆作为面漆喷涂。如果聚丙烯保险杠受到严重的损坏，应予以更换。备用杠通常已涂过底漆，可以直接喷涂面漆。如果未涂底漆，应在整个保险杠上喷涂聚丙烯专用底漆。开始喷涂前，一定要先用清洗溶剂清洗表面。如果只需要一般的面漆，可见表1—13 方法进行。

表 1—13　　采用丙烯漆作为面漆的喷涂步骤

步骤	喷 涂 方 法
1	按照生产厂家的要求，喷涂经过稀释的、混合均匀的聚丙烯底漆。干燥 1～2 h，然后喷涂面漆
2	稀释、混合好丙烯酸漆和固化剂，进行喷涂。面漆中不能加柔性剂
3	干燥 8 h（最好一整夜），以确保涂层的硬度

2）采用底层加透明涂层组合涂料的喷涂。如果使用底层加透明涂层组合涂料，应仔细阅读漆罐上的标签说明，并按照表 1—14 的方法进行喷涂。

表 1—14　　采用底层加透明涂层组合涂料的喷涂步骤

步骤	喷涂方法
1	喷涂经过适当稀释和混合的底漆，干燥 30～60 min，然后喷涂丙烯酸漆。不可使用弹性剂
2	喷涂经过稀释并混合均匀的丙烯酸漆。干燥 15～30 min，然后喷涂透明层
3	喷涂经过适当稀释和混合好的丙烯酸漆磁漆和氨基甲酸乙酯磁漆透明硬化剂。干燥 8 h 或一整夜，确保涂层硬化

（2）氨基甲酸乙酯保险杠的喷涂。氨基甲酸乙酯保险杠可分为两种，一种是经过喷漆的彩色保险杠，另一种是经过染色的黑色保险杠。尽管两种保险杠都是使用氨基甲酸乙酯制成的，但黑色保险杠中加入了添加剂，能够防止日晒雨淋造成的损坏。如果给黑色保险杠喷漆，由于添加剂的作用会使保险杠发生变色。因此，黑色保险杠是不可喷涂的。彩色保险杠的喷涂方法按照表 1—15 的方法进行。

表 1—15　　氨基甲酸乙酯保险杠的喷涂步骤

步骤	喷涂方法
1	将邻近的部位用遮盖纸进行遮盖，并用硅酮溶剂清洗修补部位，如果清洗不彻底会导致涂层脱落或起泡
2	在整个表面上彻底涂装一层底层填实涂料，用小型喷枪修补所有的划痕
3	如果局部重喷配色特别困难，可对整个保险杠进行重新喷涂，此时应用 600# 砂纸打磨整个表面
4	再次清洗表面
5	在整个保险杠上喷涂面漆，使用两种成分混合的丙烯酸氨基甲酸乙酯漆，并加入柔性剂。如果喷涂金属漆，喷涂后应快速干燥大约 5 min，然后再喷涂透明涂层

（3）聚丙烯保险杠的喷涂。聚丙烯是一种难粘、难涂的材料。因此，聚丙烯的涂装必须先采用专用底漆打底或对其表面进行特殊的处理，然后才能喷涂丙烯酸色漆。

最常见的车外用聚丙烯部件是保险杠，聚丙烯保险杠的表面处理不同于钢质保险杠，需要使用柔性剂，否则就会脱皮。如果采用丙烯酸漆作为面漆，应按照表 1—16 的方法进行。

表 1—16　　丙烯酸漆作为面漆的喷涂步骤

步骤	喷涂方法
1	肥皂水清洗待修补区域，再用清水清洗干净。采用面漆稀释剂清洗表面
2	打磨待修补的区域，形成斜面口（薄边）。采用电动打磨机进行打磨施工时，首先采用 36# 粗砂轮，再用 180# 较细的砂轮进行精加工
3	贴遮盖胶带后，喷涂聚烯烃增黏剂，干燥 10 min，在增黏剂上用橡胶刮板将中间涂料，先薄薄地刮一层，然后再刮至比未损坏部位稍稍高一些，干燥 30 min，再用 180# 砂轮打磨收边
4	再次喷涂聚烯烃增黏剂到打磨过的修补区域，干燥，随后再喷涂中间涂料以填平小的凹陷、针孔及打磨痕迹等。用 240# 砂纸打磨至平整，更换 320# 或 400# 砂纸彻底打磨塑料件上的原装漆层，去掉其光泽的 80%～90%

续表

步骤	喷涂方法
5	第三次喷涂增黏剂，干燥。喷涂中间涂料，闪干10～15 min，再喷涂一层中间涂料，干燥1～2 h，用400# 砂纸磨平表面
6	稀释、混合好丙烯酸漆和固化剂。喷涂后干燥8 h

对于微小的表面划痕，如果划痕没有进入基材，可以直接油漆，如果划痕已进入基材，则先涂一薄层聚丙烯专用的05907号增黏剂，干燥10 min，然后刮涂05900号腻子，然后再用聚烯烃增黏剂给修补区域打底后，喷涂面漆。

（4）聚氨酸保险杠的喷涂按照表1—17的方法进行。

表1—17　　聚氨酸保险杠的喷涂步骤

步骤	喷涂方法
1	首先对待修补的聚氨酸保险杠进行清洗、脱脂、填补腻子（同聚丙烯保险杠的表面处理），随后擦拭和吹净待修补区域，并遮盖待漆部位以外的所有区域
2	用05905号增黏剂喷涂一层湿的涂层到待修补区域，干燥10～15 min，再喷涂第二层，干燥1～2 h后用320# 或400# 砂纸将涂层磨平
3	将柔性剂与热塑性丙烯酸涂料或双组分丙烯酸漆混合（在底色漆中不添加柔性剂）
4	在正式喷涂前应先喷涂样板进行比色。如果是两道工序施工，则涂后闪干约5 min再涂一层透明涂层（清漆中加入柔性剂），并按说明书时间干燥

2. 内用乙烯基塑料的喷涂

软性乙烯基塑料（如聚氯乙烯）制品中最常见的是用人造革做的座椅装饰、车门内装饰、车顶篷蒙皮和遮阳板等。硬性聚氯乙烯则用于座椅靠背扶手、衣帽钩等。

喷涂软性塑料件要用乙烯基喷漆，这是一种高黏度面漆，通过调整稀释配方和喷枪压力，乙烯基喷漆干后会出现皮革状纹理，类似有纹理的维尼纶的外观。它也可用做无光面漆，用来加重条纹和作为无反光发动机罩装饰。多数乙烯基喷漆干后仍要用丙烯酸喷漆或磁漆再涂，使其颜色与汽车颜色相配。乙烯基喷漆的喷涂步骤按照表1—18的方法进行。

表1—18　　乙烯基喷漆的喷涂步骤

步骤	喷涂方法
1	确认待修补区无油、蜡和其他污物，用合适的溶剂清洗乙烯基塑料。如土、污物很多，则用洗涤剂加水清洗，再用溶剂清洗，最后用清洁的抹布擦拭干净
2	用PVC专用表面调整剂处理。调整剂是由强溶剂配置而成，具有强劲的渗透性，而且能软化PVC表面并产生轻微的溶胀，可以大大提高涂料附着力，可用无绒布将调整剂擦涂到待处理表面，保持30～60 s后，当表面还湿时用清洁无绒布擦干净（不要来回擦），然后涂PVC专用涂料
3	按说明书配制乙烯基喷漆，喷漆湿涂层，并留有闪干时间，只要能达到遮盖程度即可，不要多涂（喷枪压力0.14～0.17 MPa），否则会失去纹理
4	在色漆完全闪干前涂一层透明乙烯基涂层，对仪表板最后还应喷涂一层无反光的面漆，待干燥后再安装

3. 乙烯树脂顶篷的喷涂

损坏的乙烯树脂顶篷外部经修理后，其外部采用乙烯基漆进行喷涂步骤按照表 1—19 的方法进行。

表 1—19　　乙烯树脂顶篷的喷涂步骤

步骤	喷 涂 方 法
1	用漂白型清洗剂、刷子和大量的水清洗旧顶篷，用清水将顶篷和全车彻底冲洗
2	将顶篷所有裂纹或裂缝用高压气吹干净，必要时再用黏性擦布擦一遍
3	对非喷涂件要仔细地进行遮盖，因乙烯基漆黏合性能较强，一旦喷涂到其他零部件上将很难清除
4	先以低气压和较小的喷涂直径喷涂带状涂层，对车窗与顶篷接合处的排水槽和缝隙处进行喷涂
5	将气压调高到规定值，并将喷涂直径调整到正常的范围。从车的边缘向中心喷涂乙烯基漆
6	换到车身的另一边，从中间开始向外喷涂湿涂层。使每个行程中喷涂范围的 50%～70% 与上一个行程均匀地重叠，以保持涂层的完全湿润。尽可能保持喷枪与顶篷相垂直，将软管放在肩上和背上，以控制其位置
7	喷涂第二层湿涂层，完全遮盖住第一层，并注意湿润程度应一致。调整喷枪距离和移动速度，以便获得理想的漆面结构。如果出现条纹或局部干燥，可喷涂一层优质的丙烯酸漆稀释剂，用以湿润干燥处，并使漆层均匀
8	对于最终漆层，最好用稀释成 200% 的乙烯基漆（一份乙烯基漆兑两份挥发性稀释剂）喷涂整个乙烯树脂顶篷，以获得一致的外观
9	等干燥 1 h 后，撕开顶篷遮盖纸。此后应该再干燥至少 4 h，才能对车辆进行下一步维修

单元测试题

一、判断题（下列判断正确的请打“√”，错误的打“×”）

1. 热收缩法是对具有较小凹陷或凸起板面进行修复的一种有效方法。（　）
2. 凹陷无损拉起新技术对面积较大的凹陷可反复操作直到修复。（　）
3. 中涂底漆具有对底漆层、腻子层、旧涂层、面漆层的良好配套性。（　）
4. 塑料板在某些结构中可以用铆钉接合，一般是用塑料铆钉、黄铜铆钉或钢铆钉。（　）
5. 由于添加剂的作用会使保险杠变色，因此，彩色保险杠是不可喷涂的。（　）

二、单项选择题（下列每题的选项中，只有 1 个是正确的，请将其代号填在横线空白处）

1. 当在曲面板件上锉削时，可直着握锉并直着推锉，或直着握锉并成________向两侧推锉。

A. 10°　　　　B. 15°

C. 30°　　　　　　　　D. 45°

2. ________填料不收缩，防止渗透，省略了涂底漆→抛光→涂底漆的程序。

A. 高级　　　　　　　　B. 玻璃纤维加强

C. 涂层　　　　　　　　D. 可喷

3. 在要求较高或湿热环境下使用的车辆一般应用________。

A. 磷化底漆　　　　　　B. 环氧底漆

C. 醇酸底漆　　　　　　D. 酚醛底漆

4. 用刮刀刮涂腻子时，刮刀与物面倾斜角以________比较适宜。

A. 15°～30°　　　　　　B. 30°～45°

C. 50°～60°　　　　　　D. 90°

5. 对于补板制作玻璃钢构件，一般采用________方法。

A. 手糊成形　　　　　　B. 喷射成形

C. 缠绕成形　　　　　　D. 模压成形

三、简答题

1. 简述惯性锤拉出器拉杆与凹陷板件的连接方式。

2. 简述汽车涂层修补用腻子的特征。

单元测试题答案

一、判断题

1. ×　2. ×　3. √　4. ×　5. ×

二、单项选择题

1. C　2. D　3. B　4. C　5. A

三、简答题

1. 答：惯性锤拉出器拉杆与凹陷板件的连接方式有旋入方式、焊环方式、销钉牵引方式和拉杆拉起方式。

2. 答：（1）与底漆、中涂底漆及面漆有良好的配套性。

（2）具有良好的刮涂性能。

（3）打磨性能良好。

（4）干燥性能良好。

（5）形成的腻子层要有一定的韧性和硬度。

（6）具有较好的耐溶剂性和耐潮湿性。

2

第 2 单元

高级车身美容

2.1 大弧度玻璃贴膜

2.1.1 大弧度贴膜概述

虽然《汽车美容装璜工（中级）》已对贴膜做过介绍，但考虑到汽车发展使得轿车前后挡风玻璃的面积越来越大、弧度越来越大、材质越来越好，大弧度的玻璃贴膜需要丰富的知识和经验才能实施，故特意对其中的烤膜技术做详细的介绍。先复习贴膜的有关基础知识。

1. 膜的种类

(1) 汽车用膜的发展

1) 茶纸。属第一代产品，俗称太阳纸，特点是遮光性突出，安装简单；缺点是不隔热、易退色、易脱胶。

2) 防爆膜。属第二代产品，又名防爆纸。防爆膜利用新型黏胶及较厚的膜层提高防爆效果，具有一定的隔热、防晒效果，隔热率在20%～60%之间，隔紫外光在80%左右。

3) 防晒隔热膜。属第三代产品，又名隔热纸、太空膜等，“防晒”是指能有效阻隔紫外线达90%以上，“隔热”是指对红外光区的有效阻隔。第三代产品运用了很多新技术，如“磁控镀膜”“微米技术”“纳米技术”“航天科技”等，紫外线阻隔率提高到90%～100%，红外线阻隔率提高到30%～95%，胶的黏性更强，从而达到既降低膜的厚度又提高了防爆性能的效果。

4) 纳米膜、琥珀膜、陶瓷膜。属第四代汽车用膜。纳米材料在防爆膜中的应用不仅增强其作用，而且还能改变一般防爆膜的特性。例如，纳米粒子尺寸小，透光性好，加入防爆膜中使防爆膜变得很致密，使防爆膜呈现出优异的物理性能：强度高、隔热性强、密度更小。由于纳米粒子尺寸小于可见光的波长，纳米防爆膜可以显示良好的透明度和较高的光泽度。此外，一般防爆膜抗老化性能差，影响其推广使用。这是由于太阳光中的紫外线波长在200～400 nm之间，此一波段容易使高聚物的分子链断裂，从而使材料老化。

(2) 防爆膜的分类。目前市场上的防爆膜大体分为复合纤维膜、电镀膜与染色膜三大类。

1) 复合纤维膜。复合纤维膜结构最为复杂，包括耐磨外层、多重安全基层、隔热膜层、感压式黏胶层、“易施工”胶膜层和透明基材。其中耐磨外层为经过HC硬化处理的纤维膜，在车膜受到刮划时不易造成刮痕。安全基层内含有纵横交错的细金属丝，其主要作用是加强车窗玻璃强度，并使其在受到外来打击时不至于裂开或破碎。隔热膜层一般为采用镍、铬、钛等金属涂镀的高科技金属高折光层。这层金属涂层不仅能够在太阳照射下反射强光与紫外线，而且对车内外的热传导起到阻隔作用。

2) 电镀膜。电镀膜一般只由基体与电镀金属折光层构成。与复合纤维膜相比，综合性能有较大的差距，但抗强光与抗紫外线功能并不逊色。从理论上讲，电镀膜较复合纤维膜有着更好的透视性。

3）染色膜。从市场意义上讲，染色膜只是一种劣质的胶质膜，通常由有机溶剂制成（一般为 PVC，PP，OPP），这与一般贴纸、胶片并没有质的差别。如果将之列入车膜之内，也不过是起到美观及视线阻隔作用而已。

（3）性能指标。在选取时不能忽视与隔热膜质量密切相关的性能指标。

1）膜的透光度和清晰性。膜的透光度和清晰性是车用膜中关乎行车安全最重要的性能，优质膜其透光度可高达 90%，而且不论颜色深浅，清晰度都非常高。

2）隔热性能。隔热率是体现窗膜隔热性能的重要指标。当阳光照射到汽车贴膜上时，太阳能将被分为三部分：穿透、吸收、反射，三者相加等于 100%。其中太阳能被吸收的部分会转变成热量向外再辐射。隔热率就是汽车膜反射和吸收后再辐射出去的能量的总和。实际上汽车膜的隔热率一般在 40%～70%。这个数据才是真实可靠的。而且只有一些高档的含有超薄金属涂层的膜才能达到 80%。

3）防爆性能。防爆性能也是涉及安全的又一重要性能。优质防爆膜如强生防爆膜是由特殊的聚脂膜作为基材，膜本身有很强的韧性，玻璃破裂后可被膜粘牢不会飞溅伤人，并且其抗冲击性能已分别通过了严格的测试。

4）紫外线阻隔率。对于高质量的膜而言，这个指标一般不低于 98%，高的可达 99%。

5）颜色。通常较浅的绿色、天蓝色、灰色、棕色、自然色等对眼睛而言是较舒服的颜色。

6）膜面防划伤层。优质高档的膜表面都有一层防划伤层，在正常使用下能保护膜面不易被划伤。

7）保质期。一般正规厂家生产的膜都有较长的质量保证期，通常是 5 年。

2. 贴膜环境及工具

（1）贴膜环境。要使用封闭、无尘的工作室，最好带冷气。如果环境中尘土较多，会影响玻璃清洁，也影响膜的黏度。

（2）贴膜工具。贴膜工具包括三角大（小）刮板、水刮、软刮、前挡刮、专用长刮、铲刀、热风烤枪、喷雾器、清洁布、直尺、美工刀。部分工具如图 2—1 至图 2—9 所示。

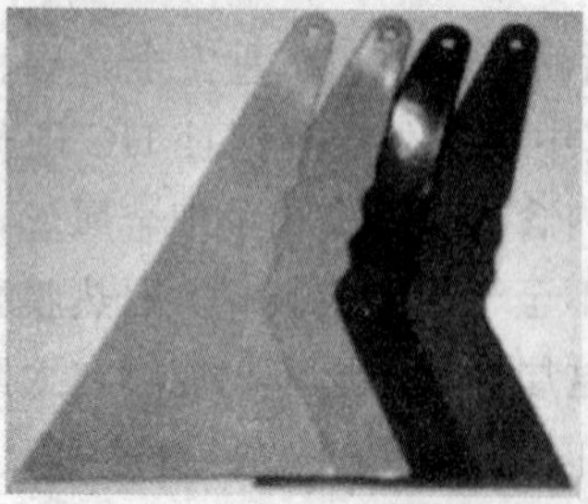

图 2—1　三角大刮板

图 2—2　三角小刮板

图 2—3　水刮

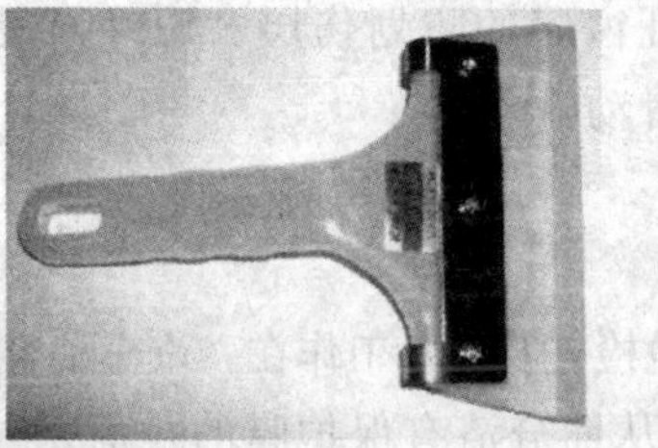

图 2—4　软刮

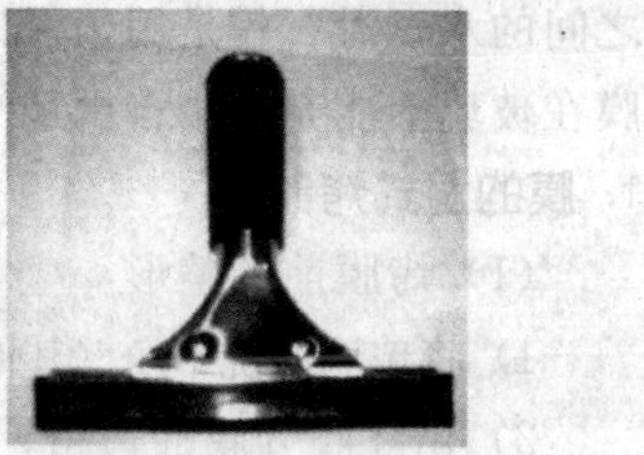

图 2—5　前挡刮

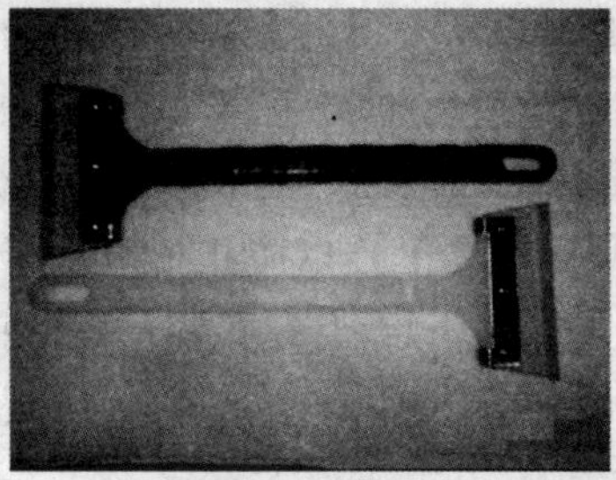

图 2—6　专用长刮

图 2—7　铲刀

图 2—8　热风烤枪

图 2—9　喷雾器

2.1.2　车膜烤制技巧

贴过膜的车却几乎看不出贴膜的痕迹，只是感觉好像换了玻璃，才能称为合格。如果后挡风玻璃分成 3～4 块来贴，外观很难看也没有防爆性，前挡风玻璃更是必须整张贴。

烤膜是贴膜施工中的关键工序之一，烘烤欠缺会造成膜与玻璃无法紧密结合，烘烤过量则容易烤炸玻璃或者造成膜报废，这对技术水平提出了严格的要求。

目前市场上流行的热整型方法，可以保证整张贴前后挡风玻璃，具体分为湿烤和干烤两种。湿烤法有很多不足，如时间长、大的弧度不容易定形、挤水时易产生划痕、褶痕，易发生玻璃被烤爆事故等。干烤法是龙膜独创的一种最新烤膜方法——无水烤膜整形法，用这种方法能使整型后的窗膜更精确地符合玻璃的弧度。原理是采用空气代替窗膜与玻璃之间的水，滑石粉是用于保证窗膜的防划伤层“SR”不因静电作用而吸附在玻璃上，使膜在玻璃上能充分、自由地滑动。

1. 膜的湿式烤制

（1）烤膜前的整形

1）将玻璃清洗干净（其他检查及准备工作在《汽车美容装璜工（中级）》中已详细描述）。

2）用牙咬开膜的边角，从而分清有保护膜的一面。

3）把保护膜的一面朝上，并均衡的铺在玻璃上，裁掉多余的部分（以过玻璃黑边为标准）。

4）注意膜的方向性，把玻璃的长度对应膜的长边，玻璃的宽度对应膜的宽边方向裁膜，膜的长边有收缩性，而宽边没有。

5）从中间把膜向上下两边平均分开，两条宽边的气泡也向上下两边平均分开。

6）用刮板把中间部分的水刮干，注意不要刮到气泡上，以防止把膜刮折，中间部分先刮水，作用在于定型，使膜不会移动，且使膜的气泡平均向两长边分开，有利于烤膜。

（2）湿式烤膜的要点

1）烤膜把气泡分成大小差不多的等份。

2）从易到难，从小气泡先烤，烤好小的气泡后，再把大的气泡分成小的来烤，烤膜时注意烤枪的温度及膜的受热程度，可用距离远近或速度快慢来调节温度。

3）烤气泡时应使气泡受热均匀，烤至膜边时可适当将烤枪停留 1～2 s，使膜边收缩，才可以刮平。

4）一边烤膜，一边注意膜的收缩程度，当膜出现皱纹状收缩时，用刮板一刮到底，如果因为气泡太大没有把握时，可用手把膜抚平，再用刮板刮平。

5）烤膜时，不能在一个气泡上停留时间太长，以免温度过高。当温度过高时轻则把膜烤焦，重则烤爆玻璃。

6）这时不能往车玻璃上喷水，防止玻璃自爆。

2. 膜的干式烤制

（1）干式烤膜的优势。在目前的汽车美容养护市场上，汽车干式烤膜（俗称无水烤膜）是最先进的一种贴膜技术。相对于原始的有水烤膜来说，无水烤膜具有多方面的优势。

1）速度更快。由于无水烤膜不用喷水在车玻璃上，从而使烤膜的过程大为缩短。

2）防止车玻璃炸裂。有水烤膜由于要喷水在车玻璃上，因此，在用吹风机烘烤时，冷热相遇，很容易使车玻璃炸裂，无水烤膜则完全避免了这种情况的出现。

3）不容易出现褶皱。有水烤膜使膜的分散点增多，从而出现褶皱。干式烤膜的分散点很少，就避免了褶皱的出现。湿式烤膜在喷水后，水珠容易沾染灰尘，使车窗模糊不清。

4）膜层的黏胶层不会损坏。车窗贴膜之所以能反射和吸收太阳光，是因为膜有隔热层和隔紫外线的金属层，但是喷水烤膜却很容易使金属层和隔热层受到破坏，从而降低隔热率。此外，由于金属层的损坏，车膜便产生不了折射的作用，当夜间两车相会时，对方的车灯眩光往往会使人睁不开眼，这样容易酿成车祸。另一个容易造成车祸的因素是因为喷水再烤后，易使膜的表面凹凸不平，呈橘皮状，使司机在开车时产生眩晕，在一定程度上，加大了司机的事故率。无水烤膜便没有这方面的隐忧。

（2）干式烤膜的步骤

1）膜的干烤整形

①将玻璃清洗干净（这一点和湿烤法一样），再用安装液清洗一遍玻璃。

②用干布把整块玻璃上的水分擦干并涂上滑石粉，然后用湿布在玻璃上面画 H 形，以使膜平铺于玻璃上后能吸附在玻璃上。

③将膜按膜的长度方向铺开，因为膜的长度方向是膜能够收缩的方向。

④裁切膜的边缘时一般周围留出 2～3 cm 等定型后再细切。

⑤用硬片在铺好的膜上挤刮几下固定，把上下分成两半，然后将其弧度分开来，用热风烤枪进行烘烤整形。

⑥烘烤整形时，一般从弧度大的地方往下烤，要转圈烤，这样受热均匀，烤时因为玻璃表面没有水分，窗膜吸热面更广，对热量的反应也更快。

⑦整形后，要收一下边部，弧度大的车型即使边部拱起看起来不大也要多收一下边。

2）对完成整形的膜进行切割。按玻璃外沿线（一般为黑线）把膜裁得更准确，取下备用。在对完成整形的隔热膜进行切割的过程中，由一名施工人员在驾驶室内将荧光灯对准隔热膜切割的边缘，可以让车外人员确定切割施工位置，更加方便操作。

3）用清洗液清洗挡风玻璃的内侧，并喷洒足够的安装液。喷洒清洗液的目的是为了避免出现尘点并且减少边缘出现腐蚀的现象，而喷洒安装液的目的是为了获得定型所需的黏度以及更好的施工效果。在玻璃清洗完成后，窗膜的保护膜被撕去，用安装液喷洒暴露的安装胶。这样压敏胶临时失去黏性，允许窗膜在干净的玻璃内表面平稳地滑动，在窗膜的黏胶表面喷洒安装液后，玻璃内表面也同样喷洒安装液，这些工艺使安装更快速，使铺贴过程中带入灰粒的风险最小。

4）将膜贴到挡风玻璃的内侧。将膜往玻璃上粘贴，上下左右移动到合适位置固定好，不要有褶皱。

5）使用刮水板将安装液挤出。将安装液喷上膜面，润滑需挤水的表面。用刮板将膜从中间往左右两侧轻轻推平，尽量减少波纹，所剩波纹尽量留在上下两端。上端用刮板向上推平，下端用刮板向下推平，将水推干，反复多次至无波纹、无起泡。在利用刮水板去除安装液的过程中，应该尽量刮掉隔热膜与车窗玻璃之间的安装液，这样可以减少隔热膜的干燥时间，获得更好的粘接效果、整体性能以及视觉效果。

6）热定形。采用热风烤枪把窗膜精确地收缩定型于大部分车窗的负荷曲面上，消除在曲面上出现的皱褶。这不但可节省许多处理皱褶的时间，而且使窗膜外观更舒适漂亮，可提高安装速度和产生最专业的安装效果。

7）边部检查、密封边缘。检查窗膜的边缘，并用特氟隆硬片（或其他同系列工具）挤封。所有边缘必须挤封，以免在固化期间空气、水分、灰粒从边部渗入窗膜底下。通常，这些挤边工具边部需要用吸水材料（纸巾或棉花）予以包覆，以吸收挤出的水分。

8）清洁和检查。当安装工作完成后，需仔细地擦洗所有窗玻璃（内表面和外表面）。把汽车擦净后驶到室外，便于最后的视觉检查。

2.1.3 贴膜保养及常见问题处理

1. 贴膜过程中的注意事项

（1）后视镜没有把握不能随意拆除，以免损伤玻璃。

（2）如发现因换装玻璃而留下的硅胶则需要去除（以不损伤车辆物件为原则）。

（3）后挡风玻璃处若有高位刹车灯，贴膜时应尽量拆除。

（4）膜放置的位置必须慎重，不得使膜受到损伤或灰尘沾染。

（5）不得在汽车玻璃上用刀划膜，以免损伤玻璃。

（6）刮水时从中间水平向两侧刮平。

（7）热风烤枪采用可调温度的，温度一般在230℃左右。

（8）不得随意在玻璃内侧加温（以免伤害内配件）。

（9）膜的大小应以盖住烤漆点为宜（特殊品牌产品除外）。

（10）烤膜时先固定中间一条线，其他地方不能有水，然后固定四角，烤膜时透明基材必须朝上，且不能单点加温。

（11）烤膜后，不能立即洒水，遇到弧度大的玻璃下料时放大周边尺寸，膜贴后要用胶带封住车窗玻璃升降开关。

（12）撕膜时必须两人合作（避免膜有折痕）。

2. 贴膜后的保养

（1）3天内不要升降车窗玻璃或用水清洗车，以免水分未干造成膜脱落。

（2）3天内前挡风玻璃不得受空调直吹。

（3）7天内勿将车久置室内停车场。

（4）10天内勿用除雾剂。

（5）不要为了美观，而将一些吸盘或一些黏物吸附在黏膜上，这样容易造成膜脱落。

（6）膜面出现污渍，不要用化学溶剂擦拭，最好用清洁的湿毛巾、纸巾沾水或用棉布配合洗洁精清洗。

3. 贴膜后常见问题的处理

（1）雾状模糊。刚贴的膜在一定时间内，由于膜和玻璃之间还有剩余水气，建议将车停在太阳下照射几天使其自然消失。如果有气泡产生，可用橡胶刮板将其赶出然后再在日光下照射。若因赶水用力不够或次数过少使得气泡达到5 mm以上，应重新粘贴。

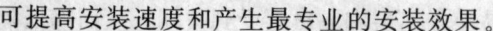

（2）除雾线损坏。由于第一次安装不满意但时间过长，胶基本成形后，重新撕贴时（或由于安装裁膜不当）容易造成除雾线损坏。一旦遇上此情况应立即进行修补工作。修补除雾线时，首先用洁净的抹布把断线部分的水汽和污物擦拭干净，再把锡纸剪成适当的大小，然后把锡纸贴在透明胶带纸上，并且使锡纸面朝外，最后把锡纸粘贴在断线处就可以了。

（3）膜脱层。由于贴膜时没对边沿进行密封处理，时间一长会使膜脱层，出现此问题应换新膜。

（4）污垢杂质。胶条夹层属毛质，膜贴上后会被吸附，可能会产生少量杂质（沙点），安装膜时应注意把此可能性降至最低点，同时清洁玻璃时应注意清洁胶条夹层。

（5）玻璃裂损。由于选择了吸热膜或施工导致的玻璃受热程度不均造成玻璃裂损，可在事先选择热量型膜，并选择专业施工店安装。

2.2 其他部件的选装

2.2.1 新型座椅的选装

1. 汽车真皮座椅介绍

加装真皮座椅，是汽车内部装饰中简单有效的一个升级项目。只要加装得当，普通车就能够达到与高档车相媲美的内饰效果。

真皮座椅在视觉和触觉上给人一种舒适的感觉。一般的绒布座椅容易藏污纳垢，吸附灰尘，清理起来比较困难，车厢内看上去灰头土脸的，而且绒布面料还会吸附烟味，所以车内空气中常常充斥着令人不快的异味。真皮座椅就不会产生上述问题。真皮座椅不吸烟味不吸尘，透气性好，灰尘只是落在座椅的表面，不会堆积在座椅的深处而给清理工作造成困难。

其实，真皮的加装已经不局限于座椅了，门护栏、方向盘、扶手箱等都可以包上真皮。特别是方向盘，包上真皮套后，柔软、舒适，不仅手感好，还能有效防止滑手，对行车安全也有很大的帮助。

（1）皮革的种类。按用途的不同，皮革可分为家用皮革（沙发、办公椅等）、皮件用皮革（皮包、皮夹、皮衣和皮鞋等）以及汽车皮椅专用革。不同用途的皮革其厚度、柔软度、密度、亮度、饱满度均有所不同，因为制作不同种类的皮革所要求的物理性能不同，所以一般情况下不能简单地比较何种皮质的制作方法就一定是最适合座椅使用的。

为了方便定价并供消费者选择，一般专业皮椅制作者都有等级区分，并建议车主使用各种车型适宜的皮质施工。现行皮椅的制作与售价各不相同，有的是工厂大量制作，也有的是手工预约订制，其制作时间、完工品质、缝线角度、合身与否，都将成为鉴定汽车真皮座椅好坏的关键点。

能够制作真皮座椅的牛皮革有黄牛皮和水牛皮两大类。黄牛皮的特点是纤维和毛孔都很细，密度佳，触感良好，延展性及耐拉性强。而水牛皮由于外表毛孔较粗，皮质较硬，大部分还只用于个人皮件类。近来国内汽车真皮座椅界引进用于汽车皮椅的泰国水牛皮，也是目前流行的商品。

除了一般的牛皮座椅以外，还有较少见的小牛皮座椅。所谓的小牛皮，是在牛幼小时予以宰杀，取其皮质柔软、触感更佳为主要目标。因牛还幼小，体积不大，故通常是使用在面积较小的皮件制作方面，例如皮包、皮夹等，至于号称小牛皮制成的皮椅，除非在制作时全程监看，一般情况下全以小牛皮制作皮椅是不大可能的。

汽车真皮座椅除了对于皮质的要求外，其制作的手工精致度相对要求较高，其制作方法可分为固定式与椅套式，固定式的优点是以不移位、不变型为主要诉求，又可细分为全牛皮与半牛皮（半牛皮即是接触面为皮革，侧边及后面以塑料取代）。

（2）轿车真皮座椅的优缺点

1）真皮座椅的优点

①提高汽车配件档次，令汽车能够在视觉上、触觉上，甚至在味觉上都给人以一个较好的心理感觉，而且可使汽车增色不少。

②真皮座椅不像绒布座椅那么容易藏污纳垢，即使有灰尘也只能落在座椅的表面，而不会堆积在座椅的较深处造成不易清理。

③真皮座椅的散热性比绒布座椅要好，在炎热的夏天，真皮座椅只是表面较热，用手轻拍几下，热气很快就会消散。所以，乘员即使长时间坐在真皮座椅上，皮质也能将体热散去，而不会像绒布座椅那么吸热。

2）真皮座椅的缺点

①使用保养必须尽量小心，一旦碰到尖锐的物品，很容易使真皮表面损伤。

②真皮座椅长时间受热后会出现老化现象，如果不及时加以保养，很容易使其过早失去光泽。

③真皮座椅在乘坐时要比绒布座椅滑，虽然厂家在座椅表面进行了皱褶或反皮处理，以增加摩擦力，但与绒布比，同一椅型的真皮座椅乘坐时还是要感到滑一些。

（3）轿车真皮座椅的选择

1）选择传统式真皮座椅。所谓传统式，是指换装真皮座椅前需将原有的绒布座椅拆除，然后再重新缝制一层真皮。其好处是店家完全可以按照原来的椅型及椅面上缝隙，重新缝制一张完全符合座椅造型的真皮。这样做不仅可以保持原设计时的线条，更可确保在长久使用的情形下，椅面不至于变形或易位。

2）选择椅套式真皮座椅。所谓椅套式，是指一种店家已经制好的皮椅套，只需将其买来往自己的车内的座椅上一套即可。拆装自如、相对便宜的售价是椅套式真皮座椅的最大优点。但其缺点是长时间使用后，容易变形、易位。现在已有了更好的解决方法，就是将椅套固定在绒布座椅上，并通过类似固定胶条的东西，将椅套牢牢粘住。经过这样处理，甚至连皱褶和沟纹都能再现。

3）不必要的装饰。有些车主喜欢在真皮的座椅外部再套上一层椅套，如把头枕部分加套一个针织物，以求美观和保持真皮座椅的清洁。这样做美观与否暂且不谈，单就清洁而言，再加一个套是有害无益的。因为时间一长，灰尘、杂物等细屑不仅会堆积在织物的表面，而且还会透过织物套堆积在真皮座椅的表面，这样反而会造成清理上的困难。

（4）皮革质量的鉴别。牛皮可进行多层分割（最多可分为 8 层），最外层的为头层皮，质量最好。次之为二层皮，其强度、弹性和透气性都不如头层皮。汽车座椅必须选用头层皮。现在市面上出售的一种复合皮是二层皮的表面附上一层胶膜，表面精致，看上去很像头层皮，有些商家以此冒充头层皮，欺骗用户，请注意识别。

从专业的角度上讲，鉴别皮革要从皮革的气味、密度、耐光性、耐迁移性、雾化性、热黄变、耐摩擦性等方面来判断，按以下方法进行识别（见表 2—1）。

表 2—1　鉴别皮革质量的简单方法

方法	具体操作
卷标法	正规厂家生产的皮革，背面均会标示制造日期、皮厂名称、面积等。当然，制造日期不宜过久，超过 3 年的皮革应注意其有无发霉现象
嗅觉法	良好的皮革，在处理后应该不会有刺鼻味道，所以太多的溶剂味及涂料味是皮革品质不佳的表现
耐热法	找个小块的皮材，用香烟头触烫样品约 2～3 s，若发出刺鼻气味则为人造革。用打火机燃烧因接触面积大，故时间需延长
观看法	在 30 倍放大镜下，则可见到皮革外有如地球表面，坑坑洞洞，其透气性佳。汽车用皮革需经耐磨、耐光等特殊处理，毛孔部分会被覆盖
切割法	以刀片横切皮革，皮革由外表层至内里层颜色均须一致（若外表黑，内里深灰，则属正常现象）。注意外表层下方是否有异色产生，可避免买到二次染色或改色的二手皮革
擦拭法	以去渍油擦拭皮革表层，注意有无褪色及脱落现象，可避免买到二次改色皮革
产地法	世界各国均生产皮革，但唯独欧洲（北欧、意大利、奥地利和德国等）皮革工业的历史较为悠久，自然其皮革加工水准会比低档的东南亚皮革高出许多
证件法	正规厂家生产的皮革，均有清楚的来源、产地、商标、皮革测度项目以及皮革使用授权书等基本资料，缺一不可
保证法	询问店家是否有保证服务卡，一来避免买到劣质皮革，二来养成定时保养习惯，三来提供永久的售后保养服务，可谓一举三得

（5）真皮座椅的制作

1）拆卸座椅。更换真皮座椅套，必须先把原座椅拆卸下来，取下原来的座套。拆卸座椅应使用专用工具，因为汽车在制造中，对座椅的安全性有严格的规定和要求，没有专用工具很难将座椅拆下。如用非专用工具硬撬猛敲，盲目施工，将造成拆卸部位变形。重装时，难以恢复原车的安全可靠性。

2）制版下料。要制作与座椅配套的牛皮座套，先要用原车座套制版，再根据版形对牛皮裁剪下料。其中制版很大程度上决定着真皮座套制成后是否得体、好看。裁剪下料时还要考虑皮料的正确选用，牛背的皮质、皮面是一张皮子最好的部位，一般用于座椅的靠背及坐垫部分，因为座椅的这两处长期受压和受摩擦。牛肚、牛脖的皮表面较差，一般用于座椅的裙部或不易看到的部位，皮与布一样都有一定的拉伸方向，有的皮椅坐了一二个月后就出现凹凸现象，多数是因为裁皮方向不当造成的。

3）缝制加工。对裁好的皮料用缝纫机进行缝制，缝制应一次完成，不能修改，否则，皮料上会留下明显的针孔。做工要细，成品表面能看到的只有明线和“做缝”，明线必须横平竖直。“做缝”要在 3 mm 以上，否则，皮套在使用过程中可能由此开裂。

4）皱褶处理。加工时对坐垫和靠背部位应进行皱褶处理或选用打孔皮，因为这两个部位在使用中长期受压，一定要预留伸缩量，以确保长期使用而不会变形。

5）座套安装。牛皮座套制成后，在安装前应在座套下面垫上 12～15 mm 厚的带网底的海绵，再套上座套，将卡钉装上即可。安装时应注意：一是不要划伤或撕裂皮套；二是套上后要通过拍打、拉拽将皮套紧实在座椅上；三是固定皮套的卡钉要防锈，卡钉分布的尺寸、松紧要一致；四是坐垫与靠垫的合缝要对称整齐。

6）装回座椅。车门、车内的空间有限，座椅的尺寸又较大，且比较重。回装时，既要避免划伤椅面，又不能碰到车漆，所以必须按照回装工艺要求去做。

（6）真皮座椅的保养。真皮座椅不需要特别刻意的保养。很多人都有错觉，以为真皮座椅必须使用一些汽车蜡之类的保养品才能将真皮表面的污渍清除。其实，只要在擦车、洗车时，用拧成半干的湿抹布擦拭真皮座椅表面，上面的污渍就会很容易被清除。再者，人体本身的油脂会对水牛皮产生滋润作用。优质的真皮座椅会越用越美观，质地越来越油润柔软。

如果一定要打蜡处理也可以，但必须选用那些真正被皮吸收的优质汽车蜡。否则，一些实际上是油剂的汽车蜡会长期附在真皮表面而不会被吸收。一时看起来油滑光亮，有人坐过后光亮即会减退。

真皮座椅上如有油污，可用专门为清理真皮污渍的清洁剂清洁，既可去污又不伤皮。千万不可随意找一般的清洁剂去擦拭真皮，否则后果难测。

真皮的最大敌人是刀剪、硬物及高温。虽然真皮已不在动物身上，但其表皮之下仍然有水分，以保持皮质柔软。这些水分经过长期暴晒被蒸发之后，皮质会变硬，甚至产生龟裂，一套真皮座椅就报废了。因此，配有真皮座椅的汽车，要避免在太阳下暴晒。

2. 电动座椅介绍

电动座椅是利用电动机的动力来调整座椅的前后位置和靠背的倾斜度，自动适应不同体型的驾驶员与乘员的乘坐舒适性要求，是人体工程技术和电子技术相结合的产物。电动座椅能满足便利性和舒适性，驾驶员通过按键操纵，可以将座椅调整到最佳的位置上，以获得最好视野，得到易于操纵方向盘、脚踏板、变速杆等操纵件的便利，还可以获得舒适和最习惯的乘坐角度。

一些中高档轿车的电动座椅还具有记忆功能，除了能改变座椅的前后和高低、靠背斜度及头枕的位置外，还能存储座椅位置的若干个数据（或信息），只要乘员一按按钮，就能调出各个座椅的位置，如果此时不符合存储数据（或信息）的乘员乘坐，汽车便发出蜂鸣声响信号，以示警告。

（1）电动座椅的结构。电动座椅主要由电动机、位置传感器、电子控制器及开关等组成。电动座椅的驱动机构包括前后垂直、前后水平、靠背倾斜以及头枕位置调节等装置，最主要的驱动装置是微型电动机。传感器与其驱动机构相对应，也分别设置了前垂直、后垂直、前后水平、靠背倾斜、头枕位置调节等传感器。还有一些连接件和导轨或蜗轮、蜗杆等。电动机和位置传感器如图 2—10 所示。

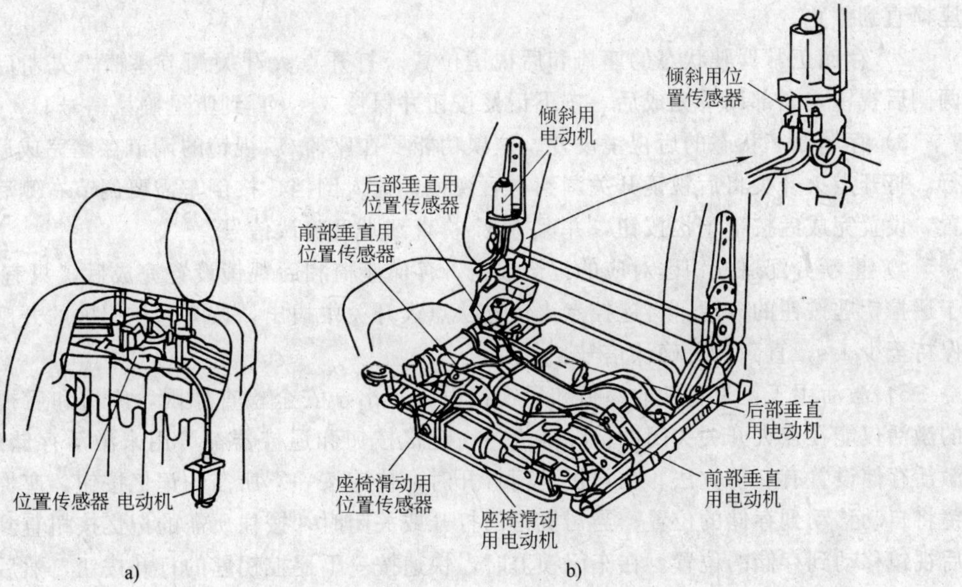

图 2—10　电动座椅上的驱动机构和位置传感器

a）头枕驱动电动机及传感器　b）座椅和靠背的驱动电动机及传感器

1）电动机。电动机的作用是为电动座椅的调节机构提供动力，可将电能转换为机械能最终产生转矩，通过传动装置驱动调整机构对座椅进行调整。此类电动机多采用双向电动机。即电枢的旋转方向随电流的方向改变而改变，使电动机按不同的电流方向进行正转或反转，以达到座椅调节的目的。电动机的数量取决于电动座椅的类型，高级轿车座椅包括 3 个位置调整电动机、1 个头枕电动机和 1 个腰垫电动机。

2）位置传感器。电动座椅位置传感器主要由永磁铁、霍尔集成电路等组成。永磁铁安装在由电动机驱动的转轴上，由于转轴的旋转引起通过霍尔元件磁通量的变化，使霍尔元件产生霍尔电压（信号），再经霍尔集成电路进行放大并处理，然后取出旋转的脉冲信号送往电动座椅的电子控制器（ECU）。

（2）电动座椅的调整。不同类型的电动座椅其调整方法不尽相同，下面以国产大众宝来轿车的电动座椅为例进行介绍。宝来轿车的司机座椅具有记忆功能，座椅和后视镜的位置、状态被存储在存储器中，可电动调节。更换司机后，座椅、后视镜将移动到所需的位置。倒车时，右侧后视镜的角度也会根据驾驶者的不同做出调整。记忆系统被人为关闭后，座椅和后视镜还可以手动调整。

需要说明的是，当蓄电池断开后，所有已存储的座椅和后视镜的设置都将丢失；每一个记忆按钮上设置的新值都将取代原来的数据。

电动座椅的整个设置过程共有 6 个步骤。正常驾驶状态和倒车状态的座椅位置、后视镜角度需要分别进行设置，每个状态的设置都要执行初始化、设置和激活 3 个步骤。

1）存储系统初始化。按下红色开关按钮，打开司机侧车门，打开点火开关向前移动座椅直到停止。

2）存储正常驾驶状态的座椅和后视镜位置。打开点火开关调节座椅，先左后右调节两侧后视镜，全部调节完成后，按下记忆按钮并保持 3 s，直到听见确认信号。

3）存储倒车状态的后视镜设置。这项功能要在座椅/后视镜的调节存储完成后才能进行。打开点火开关将后视镜开关调到右后视镜，挂入倒挡，按倒车需要调节右侧后视镜位置，设置完成后按下记忆按钮，并保持 3 s，直到听见确认信号。

4）重新分配遥控钥匙对应的记忆按钮。存储座椅和后视镜设置完成后，只有 10 s 用于遥控钥匙按钮的分配。将遥控点火钥匙从点火开关中拔出，按下遥控钥匙的开门按钮并保持至少 1 s，直到听见确认信号。

5）激活用于正常驾驶的座椅和后视镜设置。出于安全检查原因，座椅和后视镜设置的激活仅能在点火开关关闭的情况下进行。记忆按钮和遥控器都可用来激活存储的设置。激活存储设置有 3 种方法。在司机车门打开时，快速按一下所需的记忆按钮，座椅和后视镜将自动移动到存储的位置；当司机车门打开或关闭时，按住所需的记忆按扭直到座椅和后视镜移动到存储的位置。在车门锁上时，快速按一下遥控钥匙的打开按钮，然后打开司机车门，座椅和后视镜子将自动移动到存储的位置。

6）激活倒车状态的后视镜设置。将后视镜转换开关置于右侧后视镜位置，挂入倒挡，右后视镜将自动到达存储的位置；一旦脱出倒挡，右后视镜回到正常行驶的状态位置。

2.2.2 电动门窗与后视镜的选装

1. 电动门窗的组成

电动门窗，是指以电为动力使门窗玻璃自动升降的门窗。它是由驾驶员或乘员操纵开关接通门窗升降电动机的电路，电动机产生动力通过一系列的机械传动，使门窗玻璃按要求进行升降。其优点是操作简便，有利于行车安全。

电动门窗主要由控制电路、门窗升降器等组成。

（1）控制电路图（见图 2—11）主要由电源、熔丝、断路器、主继电器、开关、电动机和指示灯组成。

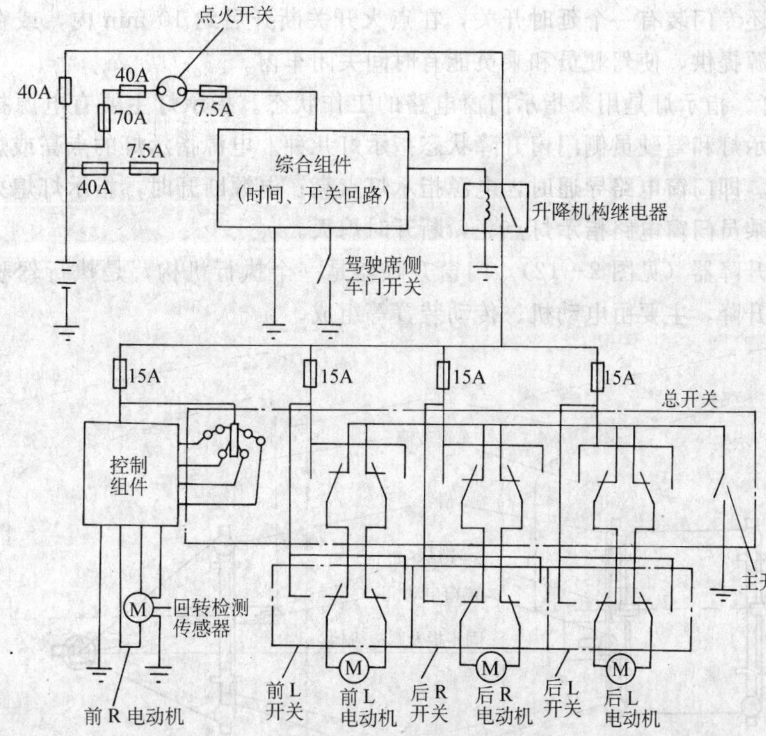

图 2—11　控制电路

1）电源。电源为电气设备提供电能，以使电气设备工作。汽车的电源主要是发电机和蓄电池。

2）熔丝。熔丝的作用是防止电流过大而损坏电气设备。

3）断路器。电路或电动机内装有一个或多个热敏断路器，用以控制电流，防止电动机过载。当车窗完全关闭或由于结冰等原因使车窗玻璃不能自如运动时，即使操纵开关没有断开，热敏开关也会自动断路。其基本原理是，当电动机过载时，其阻抗减小甚至为零，此时，输入的电流过大，引起断路器的双金属片发热变形而断路。当关断开关后其电路中的电流为零，断路器的双金属片因无电流通过，逐渐冷却，触点又恢复接触状态，以备再次接通门窗的电路。

4）主继电器。主继电器的作用是接通或断开门窗电路。当接通点火开关电路时，同时也接通了主继电器的线圈电路，主继电器接通门窗的电路。当关断点火开关时，主继电器同时也断开门窗的电路，以防损坏电气组件和发生意外。

5）开关。开关用来控制门窗玻璃升降。一般电动门窗系统都装有两套控制开关。一套装在仪表板或驾驶员侧车门扶手上，为主开关，由驾驶员控制每个车窗的升降；另一套分别装在每一个乘员的车门上，为分开关，可由乘员操纵。一般在主开关上还装有窗锁开关。如果将其断开，则分开关就不起作用。

有的车上还专门装有一个延时开关，在点火开关断开后约 10 min 内，或在打开车门以前，仍有电源提供，使驾驶员和乘员能有时间关闭车窗。

6）指示灯。指示灯是用来指示门窗电路的工作状态。指示灯主要有电源指示灯、乘员门窗电路指示灯和驾驶员侧门窗升降状态指示灯几种。电源指示灯的点亮或熄灭表示电源电路的通断。即门窗电路导通时，电源指示灯点亮；电源断开时，指示灯熄灭。当接通窗锁开关时，乘员门窗电路指示灯点亮，断开时熄灭。

（2）门窗升降器（见图 2—12）。门窗升降器是一个执行机构，是执行驾驶员或乘员的指令使门窗升降，主要由电动机、传动装置等组成。

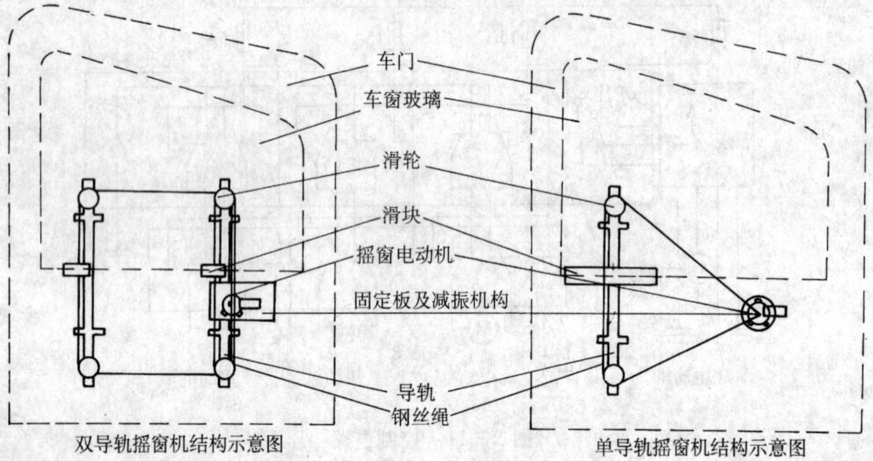

图 2—12　门窗升降器

1）电动机。电动机是用来为门窗的升降提供动力的装置。门窗升降电动机采用双向转动的电动机。它有永磁型和双绕组型两种。永磁型的电动机是外搭铁，双绕组型的电动机则是各绕组搭铁。这两种电动机都是通过改变电流方向来实现正反转以实现门窗的升或降。

2）传动装置。按传动方式可分为齿扇式和齿条式两种。

①齿扇式。齿扇式升降器（见图 2—13）的齿扇上连有螺旋弹簧。当门窗下降时螺旋弹簧被压缩吸收能量，而当门窗上升时螺旋弹簧伸展而释放能量，以减轻电动机的负荷。于是无论门窗上升或下降，电动机的负荷基本相同。当电动机传动时，通过蜗轮蜗杆减速并改变旋转方向，使齿扇转动，并带动门窗上下进行升降。

②齿条式。齿条式升降器（见图 2—14）采用柔性齿条和小齿轮。当电动机转动时，通过蜗轮蜗杆减速机构将动力传给小齿轮，小齿轮又使齿条移动，齿条通过拉绳带动门窗进行升降。

2. 电动门窗的工作原理

当点火开关转至点火挡时，电动门窗主继电器工作，触点闭合，给电动门窗电路提供了电源，此时，电源指示灯点亮。如将主开关上的窗锁开关闭合，那么所有车窗都可随时进入工作状态，乘员门窗的指示灯点亮。

（1）前右侧门窗升降

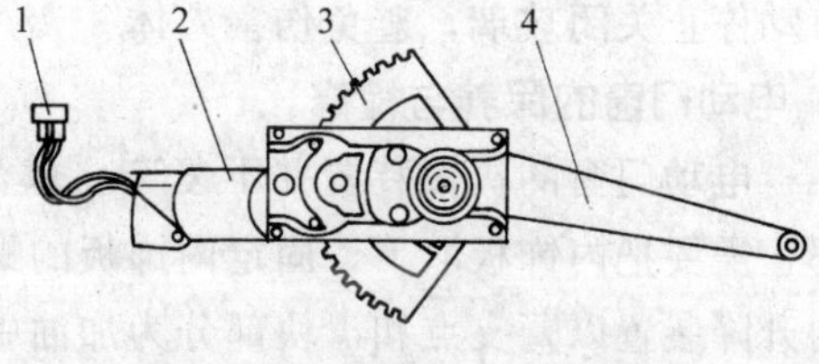

图 2—13　齿扇式升降器

1—电源接头　2—电动机
3—齿扇　4—推力杆

1）驾驶员操纵。当驾驶员按下主开关相应的前乘员门窗上升开关时，其电流由蓄电池的正极→熔丝→断路器→主继电器→主开关→前乘员开关左触点→电动机→断路器→乘员开关的右触点→窗锁开关→搭铁→蓄电池的负极，构成闭合回路。该电路中的电动机通电工作，使门窗上升。当需要门窗下降时，驾驶员按下主开关上的下降开关时，因电动机是永磁双向电动机，其电动机的电流方向相反，电动机通电反转使门窗下降。

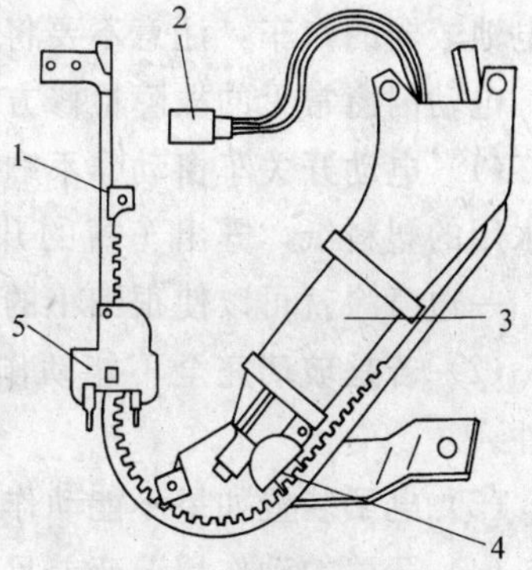

图 2—14　齿条式升降器

1—齿条　2—电源接头　3—电动机
4—小齿轮　5—凹杆

2）乘员操纵。乘员接通前乘员门窗上升开关时，其电流由蓄电池的正极→熔丝→断路器→乘员开关左触点→电动机→断路器→乘员开关的右触点→窗锁开关→搭铁→蓄电池的负极，构成了闭合电路。该电路中的电动机通电工作，使门窗上升。当需要门窗下降时，乘员按下开关上的下降开关，其电动机的电流方向相反，电动机通电反转使门窗下降。

（2）驾驶员侧的门窗升降。若主开关上的窗锁开关断开，则只有驾驶员侧车窗具备工作条件。另外，驾驶员侧的车窗开关由点触式电路控制。门窗在下降过程中，如果要使其停止在某一位置，只要再点触一下开关即可。其工作电路为：当驾驶员侧的门窗需要下降时，可按下主开关上的下降按钮，其电流由蓄电池的正极→断路器→电动机→驾驶员侧开关的另一触点→窗锁开关→蓄电池的负极，构成闭合电路。与此同时，触点式开关的电路也同时接通，下降指示灯点亮，继电器线圈也通电而产生吸力，保持开关处于下降工作状态直至下降到极限位置。在下降过程中，如果要使门窗停在某一位置，驾驶员可再点触一下开关，则继电器线圈断路，门窗停止下降。

后座乘员左、右门窗的升降操纵与前乘员侧的操纵方法相同，在此不再赘述。

（3）电动门窗升降器的电子控制装置的特点

1）具有单按系统。只需简单、短暂的轻按一下开关，就能将玻璃完全地打开或关闭。这样，驾驶员需要关闭门窗时，不再需要一只手驾驶，而用另一只手去控制门窗，提高了舒适性和安全性。

2）能够在车外关闭门窗。如果驾驶员自车内走出而忘记把门窗关闭，不需再进入车内关窗，可在车外通过中央门锁系统，将门窗自动地关闭。

3）具有安全控制。当门窗上升遇到障碍时，能自动检测出由障碍所引起的阻力，并自动停止关闭玻璃，避免伤害人体。

3. 电动门窗的保养与检修

电动门窗的机械装置并不复杂，供油是保养的主体。但是由于机械装置位于车门内部，需要把内饰板取下。固定内饰板的螺钉隐蔽在车门把手的凹部内侧。使用齿轮、钢索的升降装置以臂支点和滑块部分为加油中心。内盖下面盖有防水用塑料，将其恢复原状非常重要。

门窗玻璃的污损不仅影响外观，还会影响视野，过分脏污更影响到电动开关车窗的动作。为防止雨水流入车内，窗框上端附有橡胶带，这也是与玻璃经常接触的地方。玻璃污损后与橡胶带的摩擦增大，升降也会受到影响，因此，玻璃须经常保持干净。

电动门窗的耗电量很大，低速状态时激活的一刹那甚至会使发动机声音发生变化，所以电池较弱的汽车，注意不要将车窗同时开或关。

电动门窗常见的故障检修方法如下：

(1) 电动开关车窗动作不顺畅的原因多为升降机里的油分耗尽，应取下内饰板，剥开防水用的塑料纸，露出车窗的升降机构。在臂支点、齿轮的内部加注油脂。一边上下移动，一边喷涂就可以使很细小的部分润滑。

(2) 若是玻璃完全不能动作，则有可能是开关故障。如果是开关的故障，只能更换新件。

(3) 电子装置如果不能动作，应检查熔丝。仔细检查哪一条熔丝是用于电动车窗的。

(4) 开关的动作情况变差且车窗不能顺利开启，开关发生故障的可能性很高。

(5) 支撑玻璃两端的滑块也需要检查。玻璃的污损也会成为阻力，应经常保持车窗的洁净。玻璃与导轨的滑动状况差时，可涂上增亮剂。

4. 电动后视镜的介绍

汽车后视镜俗称倒车镜，通常分为车外和车内两种。外后视镜一般汽车左右两侧都有，其功用主要是让驾驶员观察汽车左右两侧的行人、车辆以及其他障碍物的情况，确保行车或倒车安全。内后视镜主要供驾驶员观察和注视车内乘员、物品以及车后路面的情况。在夜间，内后视镜还具有防止后随车辆的前照灯光线引起眩目的功能。

(1) 电动后视镜的结构

1）电动外后视镜。电动外后视镜的外形及内部结构主要以枢轴为中心，由使后视镜能进行上下和左右方向灵活变换位置的两个独立的微电机、永磁铁及霍尔集成电路等组成。后视镜由一个开关控制，能多方向运动，可使一个或两个微电动机同时工作。

2）防眩目内后视镜。在CH液晶里面放置偏光板，偏光板被放置在经过真空镀铝的反光镜后面。当液晶间无电场时，入射光的垂直偏光被液晶染料部分吸收，而反射到反光镜上。反射光的直线偏光在液晶晶粒内进一步被染料吸收，透过光被着色反射出来。当液晶间加上电场时，则液晶及色素分子在长轴方向整齐排列，不能由染料进行光吸收。透过光量增加，反射率将提高35%～42%。

防眩目或非防眩目交替切换不用人工操作，自动进行操作的装置已实用化。反光镜本体的一部分装有光敏二极管的照度传感器，能检测后视镜的照度并可进行切换控制。

液晶防眩目反光镜的主要特点是：防眩目或非防眩目时，反射面是统一的，所以视野不偏离。同时，防眩目时不发生双重形象，能够自由选择反射率（非防炫目时反射率：棱镜式约为4%，液晶式约为10%）。

(2) 电动后视镜的工作原理。汽车后视镜之所以能够上下、左右地自由摆动，主要因为这些后视镜内装有2个微型电动机，用安装在仪表板上的控制按钮可使电动机驱动后视镜作上、下、左、右摆动。

若想要右侧后视镜向上摆动，则先把滑动开关从中央位置拨到右边，再按下控制按钮的上端。此时电流的通路为：电源（+）→点火开关→熔断器→按钮接线柱B→V2→电动机M3→C→E（搭铁）→电源（−）。这样，当电动机M3通电产生转矩后，便带动右后视镜向上摆动。

如果将通入电动机M3的电流方向改变一下，M3就会改变转动方向，此时即可使后视镜向下摆动。其电流路径为：电源（+）→点火开关→熔断器→按钮接线柱B→C→电动机M3→V2→E（搭铁）→电源（−）。

同理可使右侧后视镜向左或右摆动，及左侧后视镜向上、下、左、右摆动。

有些汽车的后视镜还带有存储功能，即在该后视镜控制系统装有驱动位置存储器、复位开关和位置传感器等，在进行此功能的操作时，可将后视镜的调整位置存储起来，需要时可以自动恢复到原来所调整的位置。

(3) 电动外后视镜的换装。车外后视镜安装位置主要在车门风窗玻璃旁或发动机舱盖旁翼子板上，现以车门风窗玻璃旁电动后视镜为例，介绍其安装步骤：

1）使用旋具从车内将塑胶板固定螺钉拆下。

2）移开塑胶板即可看到后视镜与车门的固定螺钉，使用旋具将螺钉卸下。

3）将新的后视镜由窗外装入，并将电源线接好。

4）锁紧车门固定螺钉，再将塑胶板移至原位，锁紧固定螺钉即可。

2.3 其他相关新技术

2.3.1 巡航装置简介

巡航控制系统是使汽车工作在发动机有利转速范围内，减轻驾驶员的驾驶操纵劳动强度，提高行驶舒适性的汽车自动行驶装置。巡航控制系统英文为Cruiser Control System，缩写为CCS。巡航控制系统又称为巡航行驶装置、速度控制系统、恒速行驶系统、巡行控制系统等。

巡航控制系统自1961年在美国首次应用以来，已经广泛普及。在美国大多数轿车上均装有巡航控制系统。日本和欧洲生产的轿车装用巡航控制系统的比例也越来越高。我国一汽大众生产的奥迪 A6、上海大众帕萨特以及广州本田雅阁也安装了巡航控制系统。

在大陆型国家，驾驶汽车长途行驶的机会较多。在高速公路上长时间行驶时，打开该系统的自动操纵开关后，巡航控制系统将根据行车阻力自动增减节气门开度，使汽车行驶速度保持一定，可以避免驾驶员频繁踩油门踏板，而保证汽车以预先设定的速度行驶。汽车在一定条件下恒速行驶，大大地减轻了驾驶员的疲劳强度。由于巡航控制系统能自动维持车速，避免了不必要的油门踏板的人为变动，进而改善了汽车燃料的经济性和发动机的排放性。

1. 巡航控制系统的功能

（1）基本功能

1）车速设定。当按下车速设置开关后，就能存储该时间的行驶速度，并能保持这一速度行驶。

2）消除功能。当踩下制动踏板，上述功能立即消失。但是，上述设置速度继续存储。

3）恢复功能。当按下恢复开关时则能恢复原来存储的车速。

（2）附加功能

1）滑行。持续按下开关进行减速，以离开开关时的速度作为巡航速度行驶。

2）加速。持续按下开关进行加速，以不操纵开关时的车速进入巡航行驶。

3）速度微调升高。在巡航速度行驶中，当操纵开关以 ON－OFF 方式变换时使车速稍稍上升。

（3）故障保险功能

1）低速自动消除功能。当车速小于 40 km/h 时，存储的车速消失，并不能再恢复此速度。

2）制动踏板消除功能。在制动踏板上装有两种开关，一个用于对 ECU 信号的消除，另一个是直接使执行元件停止工作。

3）各种消除开关。除了利用制动踏板消除功能外，还有驻车制动、离合器（M/T）、调速杆（A/T）等操作开关的消除功能。

2. 巡航控制系统的优点

（1）提高汽车行驶舒适性。特别是在郊外或高速公路上行驶，这种优越性更为显著。另外，当汽车以一定的速度行驶时，减少了驾驶员的负担，使其可以轻松地驾驶。

（2）节省燃料，具有一定的经济性和环保性。在同样的行驶条件下，对一个有经验的驾驶员来说，使用巡航控制系统可节省 15%的燃料。这是因为在使用该系统以后，可使汽车的燃料供给与发动机功率之间处于最佳配合状态，并减少废气的排放。

（3）保持汽车车速的稳定。汽车无论是在上坡、下坡或平路上行驶，或是在风速变化的情况下行驶，只要在发动机功率允许的范围内，汽车的行驶速度就能保持不变。

3. 巡航控制系统的结构

巡航控制系统（见图 2—15）由传感器、操作开关、执行器和巡航控制 ECU 等组成。

传感器和开关将信号送入巡航控制 ECU，巡航控制 ECU 根据这些信号计算节气门应有的开度，并给执行器发出信号，自动调节节气门开度。

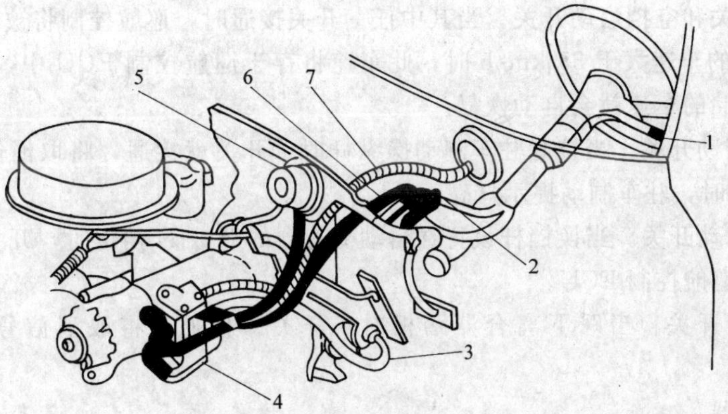

图 2—15 巡航控制系统的基本结构

1—装在转向信号手柄上的控制开关 2—电的释放开关 3—软轴和套管总成（下）
4—变送器 5—伺服机构 6—真空释放阀 7—软轴和套管总成（上）

(1) 操作开关。主要用于设置巡航车速或将其重新设置为另一车速，以及取消巡航控制等。主要包括主开关、控制开关和退出巡航开关。巡航控制系统的操作开关电路简图如图 2—16 所示。

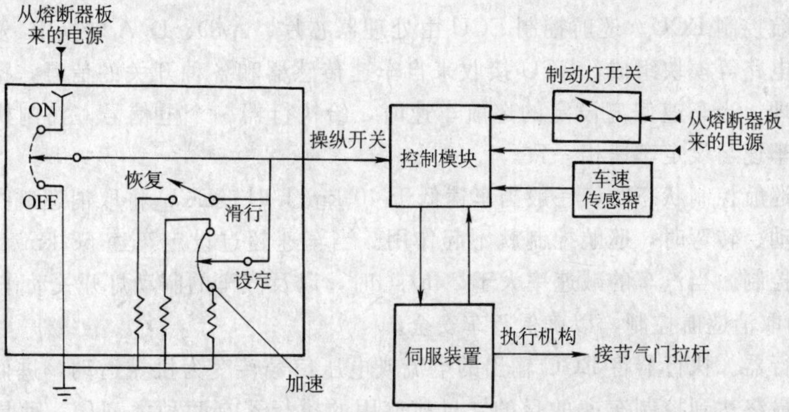

图 2—16 巡航控制系统的操作开关电路简图

1）主开关。主开关（MAIN）是巡航控制系统的主要电源开关，多数采用按键方式，每次将其推入，该系统的电源就接通或关闭。若主开关关闭即使点火再次接通，主开关仍保持关闭。

2）控制开关。手柄式控制开关有 5 种控制功能：SET（设置）、COAST（减速）、RES（恢复）、ACC（加速）和 CANCEL（取消）。其中 SET 和 COAST 模式共用一个开关，RES 和 ACC 模式共用另一个开关。当沿箭头方向操作开关时，开关接通。而松开时，则关断。这是一个自动回位型开关。

3）退出巡航控制开关。退出巡航控制开关包括取消开关、停车灯开关、驻车制动开关、离合器开关和空挡启动开关。当其中任一开关接通时，巡航控制将被自动取消。但当CCS取消瞬间的车速大于35 km/h时，此车速将存于巡航控制ECU中，当接通RES开关时，最后存储的车速就会自动恢复。

4）驻车制动开关。当拉起驻车制动操纵杆时，开关就接通，将取消信号传送至巡航控制ECU，同时，驻车制动提示灯亮。

5）空挡启动开关。当换挡杆设置在自动变速器的P或N挡位时，开关即接通，将取消信号传送至巡航控制ECU。

6）离合器开关。当踩下离合器踏板时，开关即接通，将取消信号传送至巡航控制ECU。

（2）传感器

1）车速传感器。车速传感器用于提供一个与汽车实际车速成比例的交变振荡脉冲信号，巡航控制ECU将该信号进行处理。车速传感器与发动机电控系统共用。

2）节气门位置传感器。其作用是给巡航控制ECU提供一个与节气门位置（开度）成正比例的信号，节气门位置传感器与发动机电控系统共用。

3）节气门控制摇臂传感器。采用较多的是滑线电位计式，当节气门控制摇臂转动时，电位计随之转动，便输出一个与控制摇臂位置成比例且连续变化的电信号。

（3）巡航控制ECU。巡航控制ECU由处理器芯片、A/D、D/A转换IC及输出重置驱动和保护电路等模块组成，ECU接收来自车速传感器和各种开关的信号，按照存储的程序进行处理。当车速偏离设定的巡航车速时，给执行器一个电信号，控制执行器的动作，使实际车速与设定车速相一致。

汽车在巡航控制状态时，一般当车速低于40 km/h时，ECU将取消巡航控制，这样当汽车在制动、转弯时，巡航控制就不起作用。当车速超过设定车速68 km/h时，ECU将取消巡航控制。当汽车的减速率大于2 m/s^2 时，以及汽车的制动灯开关动作等情况时，ECU也自动取消巡航控制，以确保行车安全。

（4）执行器。执行器将ECU输出的电流或电压信号转变为机械运动，进而控制节气门的开度，最终达到控制车速的目的。目前使用的执行器有两种类型，一种是真空驱动型，另一种是电动机驱动型。前者由负压操纵节气门，后者由微电动机操纵节气门。

2.3.2 空气净化技术简介

车内异味一直是困扰车主及乘客的问题，汽车内饰、空调以及座椅都可能散发出让人不愉快的异味，而且其中还可能含有有毒物质，长期在这种环境里驾驶会导致人体的免疫力下降，严重的甚至可能致癌。因此，如何消除车内异味就成为困扰很多司机的难题。目前常见的方法有使用空气清新剂、活氧机、光触媒等。

1. 活氧机

（1）活氧的基本知识。活氧就是臭氧，也称三氧或超氧，是由3个氧原子构成，其分子式为O_3。活氧是极不稳定的物质，可分解为氧分子（O_2）和氧原子（O）。常温下活氧无色、带有草腥味，以稀薄状态混在空氧或氧气中。活氧的密度约为氧气的1.5倍，其水溶性为氧气的13倍（在正常条件下体积为100的水中可溶解体积为45的活氧）。

活氧的杀菌力还由其溶解于水时生成的各种自由基（活性物）来发挥，其中氧原子（O）在水中生成的氢氧基（·OH）具有极强的杀菌力和非常快的反应速度。氢氧基和氧原子以其强力的杀菌、消毒作用，能将细菌细胞直接氧化和破坏其DNA，迅速杀灭细菌，或与有害物反应，完全去除有害物。例如，活氧能氧化分解农药中的有毒物质和对人体有害的重金属。

活氧尽其寿命后的副产物只有氧气，不造成二次污染。因此，被称为地球上最清洁的物质之一。

（2）活氧在生活中的用途

1）去除瓜果蔬菜上残留的农药。

2）去除室内装修和家具释放出的各种有毒化学物质。

3）去除干洗后衣服上的残留物质、食物和生活必需品中残留的微量化学物质以及人们无意识地带入家庭的各种化学物质。

4）去除各种洗涤剂。

5）去除吸烟的烟味及其相关的多种化学物质。

6）去除空气中的霉菌、孢子和真菌等。

7）具有美容保健功能。利用活氧浴，可以清除皮肤毛细孔阻塞物，促进肌肤洁白和光滑柔嫩，防止老化；增进血液循环、新陈代谢，活化细胞，可充分供应氧气到身体末端组织；预防疾病，对皮肤病痊愈有很大的帮助。利用活氧半身浴（水疗法）还可去除雀斑、化妆疹、肤色暗沉和斑点。活氧还可以帮助扩张血管，降低胆固醇，防止高血压、动脉硬化及与心脏有关的并发症。

（3）活氧机的使用方法。活氧机的使用方法很简单，只要通过插头直接插在车厢的点烟器内就可以产生活氧给汽车杀菌。大多数活氧机具有强弱挡切换，黄灯为弱，工作时间为6 min，绿灯为强，工作时间为12 min。

2. 光源除臭器

光源除臭器是一种使用光催化技术进行空气净化的产品，其主要原理是利用活性碳与光催化的双重作用，达到净化空气的目的。光源除臭器采用的是国外先进的光催化材料及技术，能有效去除汽车内饰异味。

（1）光源除臭器的优点

1）透过活性碳加光催化的双重效力，强力去除车内臭味，除臭效果可长达一年。

2）自我恢复能力。光源除臭器通过活性碳过滤网加光催化材料组成的复合层达到吸收车内气味的目的，同时自我恢复除臭能力。

3）不仅在日间有除臭功能，夜间也具有除臭能力（在夜间风扇停止转动的时候，光除臭隔层中的无机吸附剂继续除臭），因此，形成日夜除臭功能。

4）使用简单。与活氧机相比，不需要更换电池，也没有电线的妨碍。

5）由于是利用光源工作，成本比活氧机低。

（2）光源除臭器使用注意事项

1）由于光源除臭器主要利用光源工作，太阳能电池和光催化都需要阳光的照射才可以发挥高效率，要放置在阳光照射比较好的位置（深色的玻璃或其他遮挡光线的用品，可能会影响太阳能电池的功效）。

2）在工作过程中，由于反应产生高温，因此，不要接触太阳能电池的表面。有小孩乘坐时应该特别注意。

3. 光触媒简介

光触媒又称光催化剂，其主要成分是纳米级的二氧化钛（TiO_2）。二氧化钛是各国认可、安全性高的无机化合物，经常被用做食物、药品、颜料和化妆品的添加剂，并且化学性能稳定，对人体无害，是对环境无副作用的清洁材料。

（1）光触媒的作用。光触媒的工作原理是：在太阳光的照射下，二氧化钛吸收其中的紫外线使内部电子激发，形成具有极强氧化能力的超氧化物和羟基原子团，使周围的氧气与水分子转化成极具活性的氢氧自由基（·OH），再由这些自由基对有害气体（如甲醛、苯）等各种污染物进行氧化还原反应，并将其分解成无害的二氧化碳和水，随空气流动排出室外，达到净化室内空气的效果，且不会产生二次污染。此外，光触媒还可以杀死空气中的细菌、病毒、真菌及植物花粉等，其杀菌率高达90%。

与其他常规的空气净化方法（如物理吸附法、紫外线照射法）相比较，光触媒具有设备简单、净化能力强、适用范围广、效果持久稳定、无二次污染和费用低等优点。二氧化钛本身近似天然物质，其化学稳定性非常高，对人体无毒无害。而且二氧化钛作为催化剂，本身并不直接参与氧化还原反应，只是扮演发生反应的所需媒介，即使用在室内荧光灯等微弱光源下也能发挥其功能，所以本身的能力并不随时间的消逝而衰减，在理论上具有永久性，可以随时随地处理和净化各种有害气体，使周围空气保持清新的状态。并且能够在各种材料表面喷涂形成永久性的抗菌、防霉和防污涂膜，具有极强的防污、杀菌和除臭功能。

二氧化钛广泛使用在化妆品及防晒用品上，经美国食品药品管理局（FDA）认可，准许在口香糖、巧克力、牙膏等食品中添加，可见其对人体是十分安全且无副作用的。

目前，光触媒技术在日本被成功地应用于汽车抗菌净化处理上，成为最新的车辆净化剂。同时，光触媒可以主动净化废气。使用光触媒处理的车辆，车内的空气往往比车外的要更洁净、更安全，因此，备受汽车行业关注。例如，在日本，营业用车辆每月都要进行一次消毒工作。汽车使用光触媒处理，可以有效除去新车刺鼻的味道，大大提高驾驶的舒适度。

(2) 光触媒的施工方法。光触媒为速干型，喷涂后 3 天内即在物体表面形成一层 4H 铅笔硬度且无色透明的涂膜，抗划性和耐磨性相当好，除非用刀子刮，否则不会脱落，可以永久性地附在物体表面。当光线照射在涂膜表面时，光触媒便开始起作用，上述分解反应就会不断进行，永久性解决室内的空气污染问题。期间毋需额外的保养，省钱又省力。

光触媒主要是采用喷涂技术进行施工。喷涂光触媒主要有 3 道工序，整个施工过程不到 30 min，简单快捷。其具体施工方法如下：

1）对车厢进行常规的清洁护理。

2）用专门配套的清洁剂把门把手、方向盘、仪表台、座椅等要喷涂的地方抹干净（这些部位人手经常触摸到，容易发生交叉感染），彻底清除上面的粉尘。

3）将白色牛奶状的液态光触媒注入喷枪，连接高压气泵，对汽车内部进行喷涂。

(3) 光触媒使用的注意事项

1）刚喷完光触媒的汽车最好能多晒太阳，让紫外线充分激活光触媒的活力。

2）过度的摩擦有可能使膜提早剥落，但一般正常的汽车保养，如一星期两次的清洁工作，不会影响保护膜的作用。

3）阻隔紫外线的防爆膜对光触媒的工作效率会有一定影响，但影响不大。

4）光触媒本身是无味的，如果车主喜欢车内有香味，不妨使用香水。光触媒可把有害物质分解，让车主无后顾之忧地拥有一车幽香。

单元测试题

一、判断题（下列判断正确的请打“√”，错误的打“×”）

1. 注意膜的方向性，膜宽边有收缩性，而长边没有。 （　）
2. 贴膜刮水时从中间垂直向上下两端刮平。 （　）
3. 电动座椅每个状态的设置都要执行初始化、设置和激活 3 个步骤。 （　）
4. 活氧的杀菌力主要由其分解的氧分子和氧原子来发挥。 （　）
5. 光触媒还可以杀死空气中的细菌、病毒、真菌及植物花粉等，其杀菌率高达 95%。 （　）

二、单项选择题（下列每题的选项中，只有 1 个是正确的，请将其代号填在横线空白处）

1. 贴膜后________天内前挡风玻璃不得受空调直吹。

A. 1　　B. 3

C. 5　　D. 7

2. 正规厂家生产的皮革，均有清楚的来源、产地、商标、皮革测度项目以及皮革使用授权书等基本资料，鉴别皮革质量时缺一不可是________。

A. 卷标法　　B. 产地法

C. 证件法　　D. 保证法

3. 若想要右侧后视镜向上摆动，则先把滑动开关从中央位置拨到________边。

A. 上　　B. 下

C. 左　　D. 右

4. 汽车在巡航控制状态时，一般当车速低于________km/h 时，ECU 将取消巡航控制。

A. 20　　B. 30

C. 40　　D. 50

5. 喷涂光触媒主要有________道工序，整个施工过程不到 30 min，简单快捷。

A. 3　　B. 4

C. 5　　D. 6

三、简答题

1. 简述真皮座椅的制作步骤。

2. 退出巡航控制有哪几种开关？

单元测试题答案

一、判断题

1. ×　　2. ×　　3. √　　4. ×　　5. ×

二、单项选择题

1. B　　2. C　　3. D　　4. C　　5. A

三、简答题

1. 答：真皮座椅的制作步骤为：拆卸座椅→制版下料→缝制加工→皱褶处理→座套安装→装回座椅。

2. 答：退出巡航控制的开关有：取消开关、停车灯开关、驻车制动开关、离合器开关和空挡启动开关。

3

第 3 单元

汽车多媒体及智能系统

3.1 汽车音响装置

汽车音响原来仅仅属于汽车的附加奢侈品，但随着多媒体技术的日新月异，越来越多的高新技术和智能设备运用到汽车上。从 DVD 影院到车载通信系统及蓝牙技术；从计算机控制到 GPS 卫星定位系统及移动网络技术，甚至可以毫不夸张的说，汽车日后的发展会更多的依赖多媒体及各种智能系统的发展。最终的汽车可能将成为集通信、娱乐、智能为一体的移动中心，但这一切目前还立足于汽车作为电器电子产品载体的基础之上。

3.1.1 汽车音响基础

1. 常见术语

（1）常用汽车音响数据单位（见表 3—1）

表 3—1 常用汽车音响数据单位

量的名称	单位名称	单位符号
电压	伏特	V（1 V=1 000 mV）
电流	安培	A（1 A=1 000 mA）
电阻或负载	欧姆	Ω（1 kΩ=1 000 Ω）
音量	分贝	dB
失真率	—	%
输出功率	瓦特	W（1 kW=1 000 W）
电容	法拉	F
电感	亨利	H（1 H=1×10^{6} μH）

（2）常用汽车音响连接端标示对照（见表 3—2）

表 3—2 音响连接端标示对照

标　示	解　释
R. FRONTSPK＋	右前喇叭正端输出
R. FRONTSPK－	右前喇叭负端输出
L. FRONTSPK＋	左前喇叭正端输出
L. FRONTSPK－	左前喇叭负端输出
R. READSPK＋	右后喇叭正端输出
R. READSPK－	右后喇叭负端输出
L. READSPK＋	左后喇叭正端输出
L. READSPK－	左后喇叭负端输出
REMOTE	启动线输出，连接扩大机或前级启动端
GND	接地，负电

续表

标　　示	解　　释
B+或+12 V	正电源
MEMORY	记忆电输入或永久电
ACC	+12 V 电经开关控制
AUXIN	辅助输入信号连接
FRONTOUT	前声道前级信号输出端
REAROUT	后声道前级信号输出端
CDIN	CD 信号输入
HIGHPASSOUT	高通信号输出端
LOWPASSOUT	低通信号输出端
DIGITALOUT	数位信号输出端
ANTLEAD	自动天线控制线
VEDIOOUT	影像信号输出

2. 汽车音响的安装准备

（1）音响安装工具及配件

1）工具。旋具、钳子、套筒扳手、剪刀、胶布、12 V 试电笔、万用表等。

2）线材。包括电源线、信号线、喇叭线。

①电源线。依照电流需求不同，可分为 10 号线、8 号线、4 号线、2 号线及 0 号线，号码越小线径越粗。

②信号线。信号线可分为同轴式及平衡式。

③喇叭线。依照电流需求不同，可分为 204 号线、203 号线、202 号线，号码越小线径越粗。

3）配件。包括熔丝座、电源分配器、信号转换器、镀金电瓶头、连接端子、RCA 一分二型接头、杂讯消除器。

（2）汽车音响系统基本常识

1）音源。包括卡带主机、单片 CD 机、多片 CD 机、MD 机、VCD 机、DVD 机等，是汽车音响播放声音讯号的来源，是控制音响系统的灵魂中心，好的音源可使声音更好听。大部分主机内含小功率功放，可直接推动喇叭，有些则需要额外的功放来推动喇叭。

2）前级信号。未经扩大及放大的信号，称为前级信号，一般 RCA 信号线所传达的信号就是前级信号。有些主机输出信号较小，对于后段喇叭驱动较为不利，且容易引起杂讯干扰，所以需要前级放大器将主机输出信号由 0.5 V 放大到 3 V 或 7 V。

3）功率放大器。功率放大器是将前级信号的电压及电流放大至可以推动喇叭的功率的器材。一般依照需求不同，可分为单声道功放、两声道功放、四声道功放、六声道功放等。依电路结构，基本上可分为 A 类、B 类、AB 类、D 类等。一般产品所标示的输出功率为瞬间功率，越高级的产品所标示的功率则为实际有效功率。输出功率一般可为 50 W，75 W，100 W，150 W，300 W…1 000 W 或者更高的功率。

4）喇叭。喇叭是播放声音的器材，它依照扩大机输出的交流信号产生振动而发出声响。从结构上可分为全音域喇叭、同轴喇叭、分体式喇叭、超低音喇叭。

5）电容。电容是电源的辅助器材，作用为储存电能、快速放电、供应系统所需电能、过滤电源杂波、降低失真率。依容量可分为 68 000 μF，50 000 μF，1 F，1.5 F，2 F 等。小容量电容器一般应用在前级稳压及杂讯消除，大容量电容器则应用在瞬间电压辅助。

6）电子分音器。电子分音器的基本功能是划分频率，依照扩大机连接的喇叭做不同的频率范围分配，一般可分为二音路、三音路、多音路电子分音器等。这些装置连接于主机和功放之间，用来放大前级信号或分割信号或均衡信号等。

7）等化器。等化器的作用是修整频率响应不平整的地方，因为车内环境不同，由喇叭发声所得到的响应也不同，所以需要修整，一般可分为 5 波段、7 波段、15 波段、30 波段及参数型等化器。

8）线材。连接这些音响器材需要很多种不同的导线，一般可分为电源线、信号线、喇叭线，电源线的线径粗细影响着扩大机的表现，而信号线的品质则影响系统的频率响应，喇叭线的粗细和铜线的品质一样会影响声音表现。

3. 高级汽车音响的安装步骤

（1）先了解原车的音响系统。对原车主机空间尺寸大小和其主机功能进行了解。如有没有 CD 机等，前面喇叭安装位置和尺寸，后面喇叭安装位置和尺寸，有没有原车功放等。

（2）配线的选择。线材的电阻越小，在线材上消耗的功率越少，则系统的效率越高。

假设：功率放大器的功率为 100 W，扬声器的阻抗为 4 Ω，线材的电阻为 1 Ω，如图 3—1 所示，则扬声器上实际分配的功率为：

$$100\times R_S/(R_S+R_L)=100\times 4/(4+1)=80\ (W)$$

即仅仅由于线材的原因而使功率损失 20%（即使线材很粗，由于扬声器本身的原因也会损失一定的功率，而不可能使整个系统的效率达 100%）。

线材的电阻越小，阻尼系数越大；阻尼系数越大，扬声器的赘余振动越少。

线材的横截面积越大（越粗），电阻越小，该线材的容限电流值越大，见表 3—3。线材的容限电流越大，则容许输出的功率越大。假设输出功率为 480 W，输出电压 12 V，则 20 A 的电缆不安全，如图 3—2 所示。

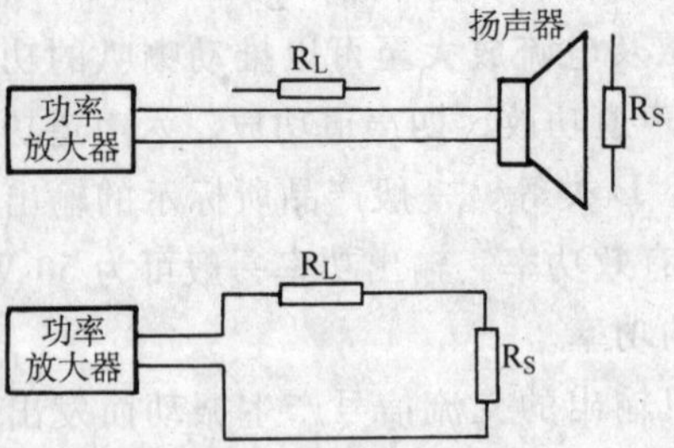

图 3—1　配线导致功率损失

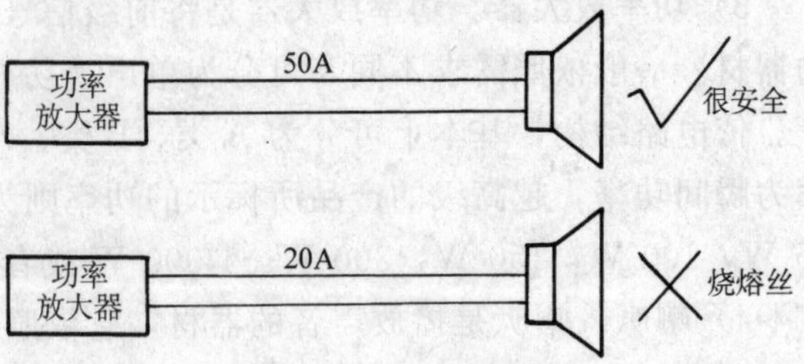

图 3—2　配线造成烧熔丝

表 3—3　无氧铜线材横截面和电阻、容限电流的关系

横截面积 (mm^2)	电阻 (Ω/m)	容限电流 (A)	线号 (g)	横截面积 (mm^2)	电阻 (Ω/m)	容限电流 (A)	线号 (g)
0.5	0.032 7	12	16	22.0	0.000 806	133	4
0.85	0.020 8	16	14	30.0	0.000 520	168	3
1.25	0.014 3	21	12	50.0	0.000 337	220	2
2.0	0.008 81	28	10	60.0	0.000 287	243	1
5.0	0.003 52	51	8	85.0	0.000 215	300	0
15.0	0.001 38	78	6	100.0	0.000 168	356	00

如果电线上允许有 0.5 V 的电压降，则线号的选择见表 3—4。

表 3—4　电源线电流、长度和线号的关系

线号 (g) / 长度 (m) / 全系统总电流需求 (A)	0～1.2	1.2～2.0	2.0～3.0	3.0～4.0	4.0～5.0	5.0～5.7	5.7～6.6	6.6～8.4
0～20	14	12	12	10	10	8	8	8
20～35	12	10	8	8	6	6	6	4
35～50	10	8	8	6	6	4	4	4
50～65	8	8	6	4	4	4	4	2
65～85	6	6	4	4	2	2	2	0
85～10	6	6	4	2	2	2	2	0
105～125	4	4	4	2	2	0	0	0
125～150	2	2	2	2	0	0	0	0

若使用铝质或锡质材料，则线号还应该更小些。电源线尺寸的计算表已将接点的阻抗因素列入考虑，效率较高的扩大机（不小于75%者），可以依照表格上相同线材所对应的线材尺寸再缩小一号。

(3) 主机安装时的注意事项。安装稳固且予以足够的支持，周边的面板或组件必须与音源器材密合，不可留下间隙或产生噪声。

(4) 功放安装时的注意事项

1) 功放及其支架必须安装坚固，不能有松脱的可能性，并且必须提供适当的空间，有空气流动。

2) 安装功率放大器时，功率放大器的固定架应与该空间的体形及外观适当整合。

(5) 功放连接时的注意事项。先接地线，再接电源线。信号线过长时不能绕圈，要对接，否则容易产生扩号干扰（包括电子分音部分）。

(6) 喇叭安装时的注意事项。喇叭的安装必须使其不受外力的伤害，喇叭应装在坚实的表面或制作良好的喇叭箱上。

(7) 通电前线路检查确认。当完成配线之后，应再次检查电源线，并用万能表测量正负极没有短路后再送电。检查电路，如无异常声音，热机 10 min 后，用手触摸功率放大器有没有异常温升。

3.1.2 汽车音响系统的设计

1. 音响（主机）的配置

音响（主机）要根据汽车中控台给定的位置来决定使用 1DIN 或 2DIN 规格的机头；其次是对功能的选择。如果要使用前置信号输出，即 RCA 信号输出，应考虑其输出的组数。

1 组 RCA 输出，其后级（功率放大器）是两路 RCA 输入，即只有左右声道分离。

2 组 RCA 输出，其后级（功率放大器）可以是四路 RCA 输入，即前左、前右、后左、后右四道分离。

3 组 RCA 输出，其后级（功率放大器）是四路 RCA 输入，另外加了两路低音输出。

如果车主要求比较高，可建议使用电子分音器。应注意音源输入和处理过的信号，输出到功率放大器的连接组别要对应。如前左对应前左，前右对应前右。如果后级功率放大器只有 1 组 RCA 输入，用电子分音器就应使用多台功率放大器与之对应。

2. 功率放大器和扬声器的配置

功率放大器和扬声器的匹配很重要，两者只有做到阻抗、功率和工作频段的匹配才能保证设备的安全运行，并充分发掘出最大潜能。

(1) 功率放大器和扬声器的阻抗匹配。如果功率放大器的阻抗为每声道 2 Ω，相关扬声器的阻抗也应该是 2 Ω；如果选用的是阻抗为 4 Ω 的扬声器，则功率得不到完全发挥，功率将减半；如果选用的是阻抗为 1 Ω 的扬声器，则会导致功率放大器发热，最后烧毁。

(2) 功率匹配。功率放大器的输出功率有两种，即最大输出功率和持续输出功率。最大输出功率是功率放大器在瞬间能达到的最大功率。而持续输出功率是功率放大器的实际功率，这个功率的数值反映了功率放大器真实的工作状态。

功率放大器和扬声器的匹配应该是功率放大器的持续输出功率稍大于扬声器的功率（大于 25%最佳）。许多人认为扬声器被烧毁是因为扬声器的功率小于功率放大器功率，扬声器承受不了而被烧毁。这种情况有，但很少，实际上，多数情况是与想象相反的。假如功率放大器的满负荷为 200 W，而扬声器还有 100 W 的余量；如果不知道功率放大器已到极限，继续加大音量，此时的输出功率就超过了功率放大器的持续输出功率值，就产生了失真。失真的信号是一种类似于直流的电信号，而扬声器最怕是就是直流。直流的电信号能很轻易地烧毁扬声器的音圈。这种失真被称为削波失真。所以保证功率放大器的功率比扬声器的功率约大 25%为宜。如果条件所限，只有小功率的功率放大器配大功率的扬声器，则应注意控制音量，防止削波失真。

扬声器是由交变电流来推动的，禁止使用直流电。通常用小电池来测试扬声器。只能以触碰的方式来测试，不能长时间通电。使用小电池来测试不是正规的做法，但是实践中用得比较普遍。

（3）频率匹配。在功率放大器中常用的是全频段功率放大器，低音专用功率放大器用得不多。低音专用功率放大器只能用于低音，不能用来推动中音和高音扬声器，因为其输出信号频率在 250 Hz 以下，而中高音扬声器不能重放这么低的频率。

全频段功率放大器有低频段和中高频段、全频段的选择。即高频信号通过 HL（高通），全频段信号通过 OFF（全通），低频段信号通过 LP（低通）。

低音专用功率放大器只有在有条件的情况下使用。

3. 几种常用的配置方案

（1）主机＋四只（两对）扬声器。如图 3—3 所示，这种配置是主机内置功率放大器直接输出四路高电平信号至两对扬声器重放。通常出厂的原车都是这种配置，这是一种简单的配置。当然还有一种更为简单的配置，即主机＋一对扬声器，主要用在一些经济型的汽车上，由于车内空间等因素，只装一对前置扬声器也是可以接受的。

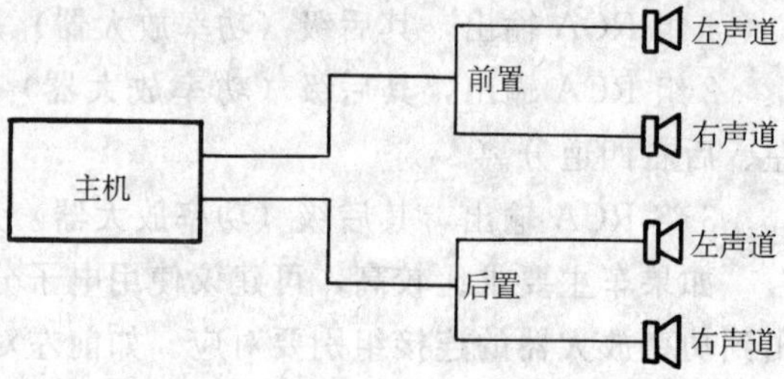

图 3—3　主机＋四只（两对）扬声器

（2）主机＋四路功率放大器＋四只（两对）扬声器。如图 3—4 所示，这种搭配最常见，一般推荐前置扬声器用套装，以获得较好的声场定位；后置扬声器推荐低音较好的扬声器，使声音更饱满。

如果主机只有一组（两组）RCA 信号输出，如图 3—5 所示，用两根分音线（俗称一公两母）分成四路输出。其缺点是左、右声道不能调节。如对立体声有要求，应使用有四路 RCA 信号的一半，在增益控制上就要适当增量，这将会影响系统的信噪比。

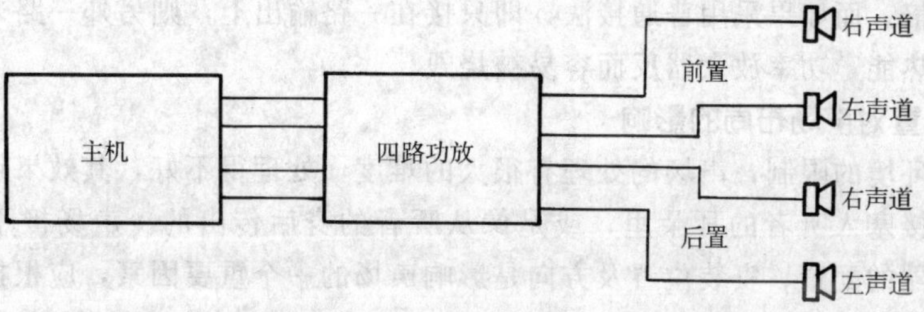

图 3—4　主机＋四路功率放大器＋四只（两对）扬声器

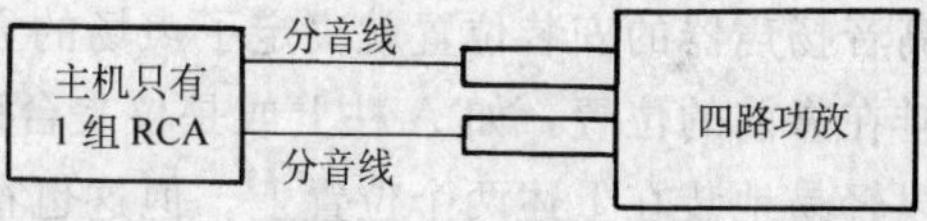

图 3—5　主机只有一组（两组）RCA 信号输出

(3) 主机＋功率放大器＋四只（两对）扬声器＋超低音扬声器。如图 3—6 所示，这是较高级的配置，从高音到低音都有很好的表现，应注意的是配置的设备越多出现问题的可能性就越大，同时，也要考虑车内空间是否允许这么多的设备展开并发挥作用。如果主机只有四路 RCA 输出，而四路功率放大器有一组两路 RCA 输出，可以将两路功率放大器的 RCA 输入和四路功率放大器的 RCA 输出连接。

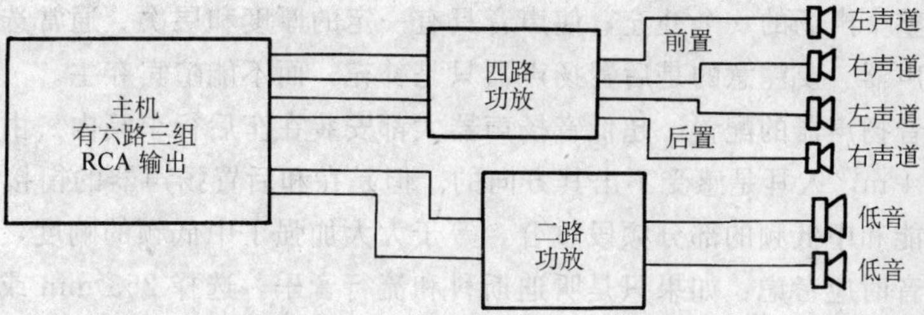

图 3—6　主机＋功率放大器＋四只（两对）扬声器＋超低音扬声器

超低音扬声器通常只用一只。如果不做声压竞赛同时不是超大体积的车厢，一只低音扬声器就足够了。然而所用的功率放大器通常是两路输出。通常用桥接的方法，如图 3—7 所示，将一只低音扬声器接在两路功率放大器上。桥接可以在电功率不增加的情况下使

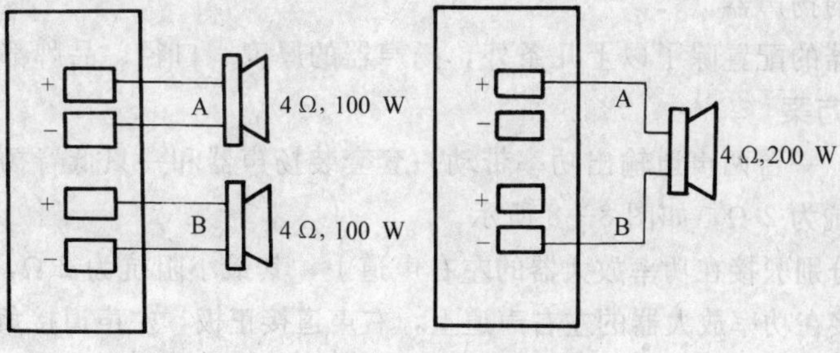

图 3—7　普通接法和桥接法

声功率增加一倍。而如果采用普通接法，即只接在一路输出上，则另外一路未接的电功率就可能转换成热能，功率放大器反而容易被烧毁。

4. 扬声器的配置对声场布局的影响

由于车内环境的限制，声场的处理有很大的难度，处理得不好，其效果还不如原装音响。或是像直接塞入听者的耳朵里，或是像从听者的身后传出的。声场极不真实、不自然。车内扬声器的配置、安装位置及方向是影响声场的一个重要因素，应根据各种扬声器的特征、功率、频响范围来配置和布局。

（1）前置扬声器的配置。一般采用的是套装扬声器。声音的方向取决于高频部分，所以高音扬声器的安装位置就决定了声场的方位。希望声音是从前方出来的，因此，高音被安排在靠前的位置，如 A 柱上或是仪表台两侧。选择套装扬声器是由于其高音是独立的，可以轻易地装在上述两个位置上。但这也存在一个问题，如果中音和高音分得太开，不利于声场的准确性，两者距离最好不要超过 30 cm。而在套装扬声器中，中音扬声器一般被安排在前门上，这样就和高音扬声器有一定的距离。也有的把高音扬声器安排在车门（有些车在车门上甚至预留了安装位置）上，这样将使整个声场后退。在熊掌与鱼不可兼得的情况下，如何取舍应根据实际情况来处理。

（2）后置扬声器的配置。后置扬声器一般不太重视高音部分，强调的是中低音的表现，只能作为整个声场的一个补充，使声音具有一定的厚度和层次。通常选用的是全音扬声器和同轴扬声器。要注意的是后置扬声器只是补充，而不能喧宾夺主。

（3）超低音扬声器的配置。超低音扬声器大都安装在车后行李箱内。由于超低频的波长通常都超过 4 m，人耳是感受不出其方向的。但是在和后置扬声器的衔接不太好时，超低频的频段可能和中低频的部分频段重合，等于大大加强了中低频的响度，整个声场就被拉后了。在调音时应考虑：如果只是听迪斯科和流行音乐，选择 253 mm 或 200 mm 的低音扬声器就可以了；如果想听更低沉的“隆隆”声，则可选用 300 mm 以上的低音扬声器。应指出的是，低音扬声器的口径和车厢容积的大小关系不大，只是和频率有关。音箱的制作水平和最终效果的关系也是非常大的。

在配置扬声器的过程中，应尽量利用原车的扬声器孔。如果扬声器是被装在车门内，应考虑扬声器安装后是否会影响到其他的功能，如车窗的升降等。在条件允许的情况下尽量推荐口径较大的扬声器。

总之，扬声器的配置除了以上几条外，扬声器的厚度、口径、品牌都应考虑进去。

5. 汽车音响配置方案

（1）方案一。一台两声道输出功率带动一套套装扬声器和一只低音扬声器，功率放大器的最小输出阻抗为 2 Ω，如图 3—8 所示。

一套扬声器分别驳接在功率放大器的左右声道上，其最小阻抗为 2 Ω，一只阻抗为 4 Ω 的低音扬声器桥接在功率放大器的左右声道上，右声道接正极，左声道接负极。连接后的最小阻抗输出为 2 Ω。在扬声器线上分别串联了电感和电容，对频率进行了初步的分割。

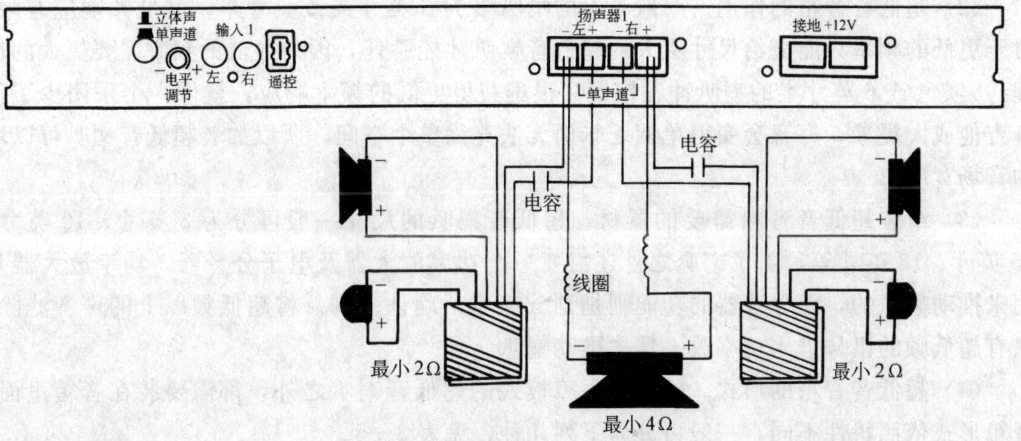

图 3—8 汽车音响配置方案一

(2) 方案二。一台有六路输出声道的功率放大器带动两套套装扬声器和一只低音扬声器，功率放大器的最小输出阻抗为 2 Ω，如图 3—9 所示。

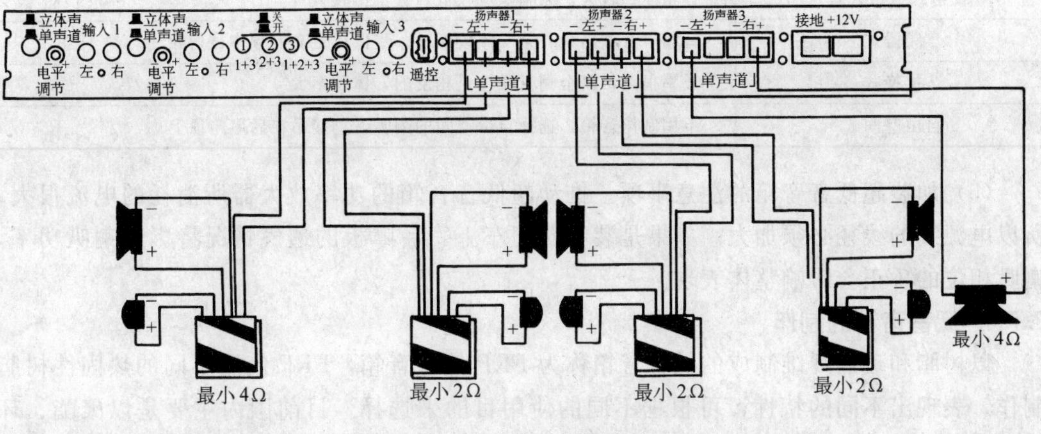

图 3—9 汽车音响配置方案二

两套套装扬声器分别驳接在功率放大器的扬声器 1、扬声器 2 两组（四路）输出的左右声道上。扬声器组的最小阻抗为 2 Ω。阻抗为 4 Ω 的低音扬声器桥接在功率放大器的扬声器 3 上，右声道接正极，左声道接负极，桥接后的最小阻抗输出为 2 Ω，在功率放大器能承受的范围内。

3.1.3 低音音箱的制作

1. 超低音音箱简介

(1) 超低音的含义。振动频率在 90 Hz 以下的声音称为超低音，因为其波长很长，所以没有方向性。以 70 Hz 为例，波长约等于 4 m，频率、振幅比较大。

（2）超低音音箱的作用。一般车上的喇叭多为 5 英寸或 6 英寸半，其低频响应有限，对于更低的频率只能交给尺寸更大的超低音喇叭才能胜任，因为更低的频率需要更大的冲程。5 英寸或 6 英寸半的喇叭冲程较短，很难获得更低的频率响应，就像一个乐团少了低音吉他或大提琴，声音会变得单调乏味而无法充满整个空间，所以加装超低音喇叭可以增加音场宽度。

（3）组装超低音音箱需要的器材。超低音喇叭的尺寸一般可分为 8 英寸、10 英寸、15 英寸、18 英寸等，除了喇叭之外还需要一个功率放大器及电子分音器。功率放大器是用来推动喇叭的，而分音器的功能则是划分频率，确认范围。将超低频以上的声音滤除，只有超低频的讯号进入功率放大器去推动喇叭。

（4）超低音音箱的形式。除了无限障板式的超低音喇叭之外，都需要装在音箱里面。音箱形式依照特性不同，一般可分为下列几种，见表 3—5。

表 3—5　　超低音音箱的形式

形　式	特　点
密闭式	最容易制作的音箱，体积最小，承受功率大，失败率很低
反射式（透气式）	音箱体积较大，频率响应较低，音量比较大
频段式	音箱声音输出只有某一频段而已，更低或更高的频率被切除
推挽式	效率很高，两个喇叭相位是相反的，体积不大
自由空间式	不用制作音箱，选择自由空间的喇叭，直接吊在后尾箱顶上

（5）加装超低音音箱的注意事项。推动超低音音箱的功率放大器所消耗的电流很大，所以电源线的线径必须加大。如果是装在四门车上，后障板的透气情况将影响喇叭功率，喇叭相位的矫正会影响整体表现。

2. FRP 低音音箱的制作

以树脂和玻璃纤维制成的低音音箱称为 FRP 低音音箱。FRP 使用不同的热固性树脂制作，表现出不同的特性，可根据不同的使用目的来选择。目前国内主要是以聚酯、环氧、酚醛三大树脂为主，音箱主要是用聚酯树脂制作。

（1）计算出汽车内的总空余空间，画出设计图，确定所设计的低音音箱能放入车厢内。

制作低音音箱并没有规定的外形要求，可以按喜好设计形状，只需注意容积即可。但是有一点必须注意，就是要避免制作过长的圆柱形低音箱体（长度超过 1 m），长度过长，低音音箱体后部空气掌控力度不够，易导致声音走调。

（2）使用容积计算公式计算出想要设计的低音音箱体的容积。低音音箱体允许置换原材料、扬声器、倒相孔、带通孔，但箱体容积要求不变（一般使用原厂商的推荐低音音箱尺寸）。

（3）制作模具。FRP 音箱的模具一般都是用阴模，常用的材料为石膏（石膏模的配

方为 65 份熟石膏+35 份石英粉+20 份石砂+50 份水)。制作方法如下:

1) 用泡沫塑料根据需要挖削成大概的形状和车内接触的过渡面,应反复比对挖削至合缝。

2) 用石膏在泡沫塑料上糊制母模,糊成所需形状干燥待用,母模为阳模。

3) 翻制模子。母模干燥后打磨顺滑,涂上脱模剂,将石膏糊在母模上到一定的厚度,干燥后脱模,这就是要用的模子,此时的模子为阴模。将模具涂上脱模剂待用。

(4) 配制聚酯树脂涂料。有两种配方:

1) 100 份聚酯+2.4 份固化剂+1.0 份促进剂。

2) 100 份聚酯+35 份苯乙烯+3.5 份固化剂+1.2 份促进剂。

(5) 涂胶衣层。脱模剂完全干燥后,涂的第一层涂料称为胶衣层,厚度为 0.25~0.4 mm,密度为 300~500 g/m^3,分两次涂,第一层初凝后再涂第二层。

(6) 铺层糊制。待胶衣层手感软而不黏时,铺上玻璃纤维刷上涂料,逐层叠加糊制,糊制过程中应注意的是,需仔细地把气泡赶出,使布层贴紧,含胶量均匀。

糊制的过程为:胶衣→两层短切玻璃毡→一层无捻粗纱玻璃纤维布→一层短切玻璃毡→一层无捻粗纱玻璃纤维布→一层短切玻璃毡。

(7) 固化。糊制完成后,在常温中固化 24 h 即可脱模,在 60℃时固化 5 h,在 80℃时固化 3 h,一般热固化的产品各项性能指数会好些。

(8) 修整。脱模前先将超过模具边缘的毛边、纱头剪去或凿去,以便于顺利脱模。

(9) 脱模。用硬木或硬塑料制成的楔子轻轻楔入制品和模具间的恰当部位,撬动脱模。

(10) 表面处理。一般用烤漆加工工艺处理,温度不能超过 100℃。

3.1.4 汽车音响调音入门

即使装上高级的器材,如未经调校或调校不当,整套音响系统可能比原车音响还糟。

调音的成败基础建立在施工品质之上,不正确的安装方式及配线途径,调音工作就较困难。其实调音的内容有大半以上是在纠正错误,这些错误来自系统设计、器材搭配、安装方式及配线方法。如不把这些错误纠正,调音工作就无法进行。

1. 调音基本步骤

当完成配线之后,再次检查电源配线,并用万用表测量正负极有没有短路,确定无误再接通电源。将音量调至最小,然后开启主机,如听到任何异常声音应立即关机,检查电路,如无异常声音,热机 10 min 后,用手触摸扩大机有没有异常温升。

(1) 主机+同轴喇叭的调音方法一。将音量开大,测试有没有提早失真的声音;测试左右平衡,检查有没有 180°的相位差;找一张人声、乐器单调的卡带或 CD,将主机 LOUND OFF BASS 钮及 TREMBLE 钮置于中间,然后测试每一只喇叭对人声表现是不是相同;如有频谱测试器,可测试一下高低音的比率。

将音量关至很小，听高音如铿锵非常明显，那表示高音音量太多了；另外，调整BASS钮听低音固定是不是完好，有没有异常声音，低频表现是不是很好，低频不足可适当调大BASS钮，高音不够或高音太多可调整TREMBLE钮，最后再调整FADER钮感觉一下定位。更换音乐，反复上述步骤数次。

（2）主机＋同轴喇叭的调音方法二。基本与方法一相同，高音音量过多的话，可以降低高音音量，以求平衡。方法如下：在分音器与高音喇叭之间串并联5 Ω电阻。高音的＋端要放在正常位置，如分音器有－3 dB、0 dB，则放在0 dB的位置，因为－3 dB的位置分音器内部已有电阻，对扩大机来讲阻抗会改变。

（3）主机＋扩大机＋喇叭的调音方法。首先设定扩大机的灵敏度，将其关至最小，再将主机音量开到80％，然后加大扩大机的灵敏度直到喇叭出现失真的声音，然后再减少一些，此点可以得到最佳的信噪比，其他与组合1相同。

（4）主机＋电子分音＋扩大机＋喇叭＋超低音的调音方法。首先将主机上的音量控制全部放在中央位置，然后将音量开至80％，并将扩大机灵敏度关至最小，将电子分音器输入增益置于中间，打开扩大机输入增益约一半，然后加大电子分音器输出灵敏度直到喇叭出现失真的声音。再降回一些，到此为止所有的灵敏度已设定完成，然后开始调音。首先将前后声道中高音关掉，单独听超低音，调整分频，让超低音喇叭可以自然地运作，而且没有机械杂音或其他共振，然后加入中高音，并调整中高音与超低音的比例，将后声道音量调小，然后再测试超低音的相位，在小音量时改变超低音相位180°，即正负反拉或在电子分音器上有0°～180°选择开关，看哪一个相位音量比较大即为正确相位，当所有的相位及频率范围都设定好后再做细部调整，一般超低音的分频点设定在80～100 Hz之间，而高音部分中高音喇叭分频点设在60～90 Hz。

2. 等化器的调整方法

（1）使用等化器（EQ）的时间。当喇叭装到车上之后因环境因素，如车内装潢、结构，车窗玻璃等造成频率响应不平整，要修整某单一频率，就需要等化器。

等化器最早是由录音室发展出来的，因为录音时需要平整频率的响应。后来发展到家用音响进而应用到汽车音响上。等化器最主要的功能在于调整由音响环境、喇叭、器材等造成的频率相应不平整。如果一段频率过大或太小，其工作就是把太大的降下来，太小的补上来。举一个简单的例子。弹钢琴时，如果有一个琴键音量太大或太小，就应将其调至平均水平。

（2）圆形等化器和参数等化器的不同概念。频率和 Q 值固定的是圆形等化器，参数等化器则可以改变频率点和 Q 值。

等化器一般标示的范围多为±12 dB，这表示此频率可增减12 dB。Q 值则表示其频宽，Q 值越大则频宽越窄。很多人很排斥EQ，觉得信号一经过EQ就变差了。信号经过EQ是会有一些改变，但往往都是因为不会调整而使声音变得非常糟糕。下面将介绍其调整的基本方法。

首先将主机音量开关置于中间，然后将系统中的分频点、相位、比例正确设定之后，才开始调整 EQ，切记 EQ 只做细部调整。有 3 个基本法则必须遵守：

1）EQ 调整绝对不可以超过±3 dB，如果超过 6 dB 则表示喇叭相位有问题，或这个区域的频率有问题。

2）一次只调整一个或两个频率，然后看看频谱上面的变化情形。

3）当增加 6 dB 时，功率增加一倍，很容易让系统提早失真。

切记上面 3 个法则之后，将 EQ 的控制全部置于中点，然后用频谱仪先观察一下，哪些频段有落差，如果落差大于 6 dB，先检查系统或调整比例。确定落差都在 3 dB 之内，如果因为喇叭位置无法克服，只好放弃某些频段落差，不可以用 EQ 强行补齐，否则很容易提早失真。找一张音域比较宽的 CD 先听一下，有没有不顺畅的声音，然后从高频部分开始往下修整。将每一个 EQ 控制调到最大及最小，听其变化情况，顺便了解每一个 EQ，控制其声音范围，才有办法去修整。使用仪器调整时，150 Hz～10 kHz 曲线应保持水平，150 Hz 以下增加 10 dB，10 kHz 以上降低 3 dB。

（3）靠听力调整的方法。如果没有仪器参考，光靠耳朵的话，必须要有好的听力，如果没有的话也不必担心，有一个诀窍：不管用的是被动式分音器还是主动式分音器，出问题的地方往往都是在分频点附近的频率，因而只要将这几个频率点的 EQ 控制衰减在 2～3 dB 即可，其他细调部分，找 10 张不同风格、不同录音水平的 CD 轮流试听修整，直到每一张 CD 都能听，取得共同点之后，便接近完成。在此前建议多练练听力，可事半功倍。

3.2 其他车载多媒体装置的安装

3.2.1 车载多媒体装置介绍

汽车音响发展到今天，已经以数码技术为主流，如 CD、MD、VCD、DVD、MP3 等。在这个汽车数码音响的领域中，SONY 作为开发 CD 规格的厂商一直占据着主导地位，在 CD 问世两年后的 1984 年，推出了世界上第一台车用 CD 唱机 CDX－5，到了 1986 年 SONY 又推出全世界第一台车用 CD 自动转换器 CDX－J10。

1. 汽车 CD 机种类

主机 1DIN 位置有单碟、三碟（ALPINE3DM7887E）、六碟（NakamichiMB－75，包括收音机部分）。车用 CD 自动转换器有四碟（VDODAYTONCH400）、五碟（NakamichMB－31）、六碟、八碟、十碟、十二碟等。

2. 常见的 CD 机芯

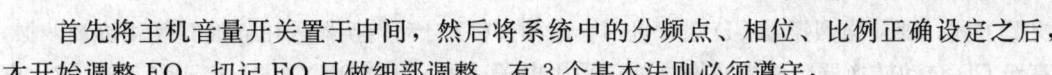

常见的激光唱机机芯，有欧系和日系两大系统。现今欧系 CD 机芯中的传动及光学系统，几乎是 Philips 的世界，日系以 SONY 为代表。汽车 CD 机芯与家用 CD 机芯最大不同之处，在于 CD 唱片的夹紧方式不同。汽车 CD 机芯为了防止 CD 唱片振动，采用上下

夹紧方式，即使强烈振动 CD 唱片也不会出槽。CD 自动转换器采用硅油气囊和拉簧减振，高级 CD 自动转换器除机械减振之外还采用电子减振，如 SONY CDX－747X 带有 12 s 电子防振系统（ESP）。而且可以 0°～90°方位调整使用。

（1）欧系 CD 机芯。以 Philips 为主，自 CDM－1 开始采用摇臂式循迹，单光束设计。CDM－2 是全铝铸造，有左右平衡设计的传动机构，现在多使用 CDM－5 机芯，该机芯的特点是创新采用侧旋吸入方式入碟，不接触 CD 唱片的数据存储区，入碟时间短，防止划伤唱片，机械噪声低，新一代的全息激光头和吸振硅胶器加上反应速度更快的伺服系统，保证在各种路况的行驶中能有更好的抗振性和音质效果，在单碟机芯中是较理想的。

（2）日系 CD 机芯。日本每个大厂几乎都独立开发 CD 机芯，但以 SONY 和 SANYO 为主要供应商。大部分汽车 CD 机使用 SONY 机芯。有的机芯则开发了三重避振系统，如 SONY CDX－747X 除了有机械和硅油气囊减振之外，还有 ESP 电子减振系统。先锋（Pioneer）激光头的倒置机芯，唱片信息面朝上放置，并在惯性很大的高刚性承片座上敷有吸振材料，激光信号由上方直线寻迹读取，由一与唱片尺寸相同的碟状压片碟，由下方的承片座将唱片向上顶，使唱片与压片碟紧密贴合，传动电动机位于压片碟上方。这种设计还可以防止灰尘很快污染光头。日本中道（Nakamichi）的前置六碟机芯 MB－1006 碟（1DIN）CD 机/收音机，该机芯的特点是单机头可装入 6 张 CD 唱片，独有真正悬浮式磁性 CD 片运装装置，杜绝一切振荡。现在松下（Panasonic）在丰田吉普车内装有前置六碟机芯。日本富士通（Fujitsuten）在丰田凌志 200 内配有前置六碟机芯。

3. CD 机采取高比特和超取样的原因

高比特和超取样是改善激光唱机音质的重要手段。超取样可以减缓低通滤波器的衰减特性，降低相位失真，高比特则能减少因超取样数字滤波器带来的信噪比下降。在激光唱机中，数字信号经 DAC 转换后虽得到了模拟声频信号，但却存在多余的为 44.1 kHz 整倍数的寄生频率成分，为此要用一个衰减特性很陡峭的低通滤波器加以滤除，但只要后级中稍有非线性，寄生频率与有用信号互相调制就将产生严重失真。而且衰减特性好的低通滤波器相位失真也大，同样会影响激光唱机的音质。所以在 DAC 前插入数字滤波器进行以取样频率 4 倍、8 倍等的超取样，寄生频率便被转到更高频率，就能采用衰减特性较平缓的低通滤波器，从而大大改善相位失真。不过数字滤波器的引入将产生运算误差造成信噪比的下降，采用高比特 DAC 能减小信噪比的劣化，如 20 bit 的 DAC 就能使信噪比的劣化减至可以忽略不计的程度。如 Nakamichi（中道），CD45Z 单碟 20 bit，MB－100 前置六碟 24 bit。

自从 1987 年 Philips 公司生产的全球第一颗 1 bit（单比特或称为单位元）DAC 芯片问世以来，Philips 公司便将这种单比特技术全面应用于其公司的高、中、低不同档次的数码音响产品上。随后，某些日本厂家也将单比特技术应用于自己的 Hi－End 产品中。而在当时，除了 Philips 及日本的产品之外，其他国家的产品仍然采用的是多比特技术。

对于单比特技术而言，实际上是在比特流技术理论的基础上演变成的不同数学模型用来处理经过量化的数码数据，由于近几年来美国在单比特技术上的卓越成就，使同为单比特的DeltaSigma方式大受好评，DeltaSigma方式不仅仅被广泛应用于中、低价位的数码音响系统中，更重要的是DeltaSigma方式还被相当多的厂家用于其生产的顶级Hi-End器材中。

4. 微型唱片MD

（1）MD简介。MD（MINIDISC，微型唱片）是SONY公司于1992年开始发售的一种能录能放的数字音响系统，所用碟片有两种，一种是重放专用的光碟式，另一种是录音专用的光磁式。碟片重放时可随意前后搜索选曲。录音专用碟则可随意改变歌曲顺序，可以取消或中间插入歌曲等，编辑上非常方便。

（2）MD特点

1）MD的原理。MD采用ATRAC（自适应变换声编码）数字音响压缩技术，其动态范围、频率响应、失真等电声指标都达到CD水平，MD直径仅2.5英寸（63.5 mm），录放时间74 min，取样频率44.1 kHz。MD虽是采用压缩信号方式，但其原有缺点已大部分获得了改善，音质非常优美。采用2.5英寸磁光碟时，音质比CD稍差，但难以觉察。

2）MD的适用性。MD是一种数码录音格式。MD享有卡式录音带的录音性，可以编制个人音乐特辑。此外，MD能重复录制达百万次以上，而且完全不会有影响每次录音的质量。MD特别适合经常需要录音的人士使用。MD的数码音质可与CD质素相比。并且，即时搜曲功能及数码编辑功能更把录音科技推上另一个高峰。

3）MD恒久的录音质素特点

①MD播放时拾音部分不会与MD碟的表面有任何接触，因此，MD碟的表面不容易受到损耗。无论进行多少次录音及重新录音，MD都能提供高素质的数码录音效果。

②防振记忆功能。独特的电子防振记忆功能，可保存数码音乐数据。记忆功能可达10 s或40 s（按型号而定），即使机身因振动而无法拾取讯号，乐曲依然可以稳定播放。这个功能在汽车上使用效果很好。

③进行CD至MD的数码录音。可编辑所有心爱的歌曲于一张MD碟并可享受数码音质。无须携带多张CD碟外出，只须携带一张纤巧的MD碟就足够了。

④专业的编辑功能。MD拥有多元化编辑功能，包括移动、组合、删除、划分碟名和曲目编辑。可随意删改或制作自己的录音片段。另外，可以轻而易举地做出特别的混音效果。

4）MD优质数码录音。MD是录制音乐、会议、课堂记录、现场音乐的理想选择。MD能录制74 min立体声数码录音或多达148 min单声道录音；可录制或多次重复录制任何卡式录音带的录音，不会损毁录音音质，完全是一种纤巧又耐用的格式。具有简易操作播放及删除等功能。

5. MP3 多媒体汽车激光唱碟机

MP3 音乐是当今最流行的音乐格式，与普通的音乐 CD 比较，不但可以通过因特网下载，获得世界各地不同的音乐，然后编制及刻录成一张属于自己的音乐 CD，全无时间与地域的界限，而且更可以保留原有音色。简单来说，MP3 科技是一种可以将一般的音乐格式编码、传递、压缩至体积更小的格式而无损原有音色的技术。此外，由于 MP3 音乐格式较小，一张光碟可刻录过百首乐曲。

MP3 全名为 MPEG-1AUDIOLAYER3（第三层的缩写），是一种通过数字计算机科技压缩的计算机档案格式，可将声音转变成数字计算机档案，用来存储乐曲。由于 MP3 档案经过压缩，存储 1 min 的高素质音乐只需 1 MB 的记忆容量，是一般存储格式的 1/10，所以一张 650 MB 的 CD 便可储存 130 首歌，档案占用的储存空间大为减少。

6. VCD 播放机和 DVD 播放机

VCD 播放机主要由 3 个核心部件组成：CD 驱动器（也称为 CD 加载器）、MPEG 解码器和微控制器。MPEG 解码器的一路从压缩电视图像数据流中重构出电视图像数据，另一路从压缩声音数据流中重构出声音数据。微控制器有接收并解释控制按钮或遥控器输入命令，在真空荧光数码显示器上显示播放信息等作用。

VCD 播放机的基本功能有：支持 VCD2.0 标准的播放控制功能；可把 NTSC 制式电视转换成 PAL 制式电视；播放不太清洁或缺陷不大的 VCD 盘时不会产生断续的图像，C-Cube称为 ClearView 技术；支持单盘和多盘加载器；支持 1/2、1/4、1/8 和 1/16 的播放速度；快速向前播放；按时间搜索；卡拉 OK 功能。

DVD 是 Digital Video Disc-Read Only Memory 的缩写，译成中文就是数字视盘。从严格分类角度上讲应该叫作 DVD-Video（简称是 DVD）。必须由专用的视盘机播放，这种视盘机就叫做 DVD 播放机。每张 DVD 光盘大约可储存 133 min 的视频高压缩比节目，还包括 6 个数字化杜比数字声音轨道。如此大的容量，如此高的性能，超群出众的播放质量，无论是对影视、电脑游戏领域，还是数据储存方面都会产生巨大影响。其中，车载 DVD 系统除了有电视和广播接收及播放功能外，还可以辅助倒车显示。

3.2.2 车载 MP3 的安装

1. 车载 MP3 音频转换器概述

车载 MP3 音频转换器也叫音频转换器、汽车 MP3 无线发射器、MP3 车载音响伴侣、FM 车载 MP3 转换器、车载 MP3 音响、车载 MP3 发射器、随车听、音频接入器、音频发射器、无线发射器、播音机。

目前，常见的车载 MP3 设备多种多样。从供电方式看，可分为点烟器式车载 MP3、带电池式车载 MP3（7 号电池和钮扣电池）两种；从音源来源看，可分为独立音频接口式车载 MP3、U 盘式车载 MP3 和集成 MP3 播放器车载 MP3 式。最经济实用的是使用点烟器供电的独立音频接口方式。

2. 车载 MP3 音频转换器的作用

车载 MP3 音频转换器可将各类便携式音乐设备（如 MP3、CD、MD）等输出的音频信号以无线发射方式在汽车上通过车载调频立体声收音设备进行播放，让有车一族在移动的汽车内欣赏到美妙的音乐，为广大用户带来了极大的方便和享受。

车载 MP3 音频转换器的发射信号非常稳定，抗干扰能力强。采用预加重技术和双声道立体声，确保了声音的高质量传输。

3. 使用车载 MP3 音频转换器的优点

使用车载 MP3 音频转换器，可建立个性化的音乐欣赏系统，并具有以下优点：

（1）个性化音乐欣赏。

（2）不需要对原车作任何改装，避免损坏原有设备。

（3）使用锁相环技术和立体声电路，保证音质效果。

（4）可从网上直接下载。

（5）简单易用，省事方便。

（6）与传统的汽车音响改装（安装单碟/多碟 CD）相比，节省金钱。

4. 车载 MP3 音频转换器的安装

（1）拆卸或移出汽车音响的方法。关闭汽车音响电源，拔出汽车钥匙。使音响处于关闭状态。根据不同的车型，按照各自的方法移出汽车音响，操作要在断电 3 min 后进行。

1）汽车音响拆卸方法

①拆除排挡盖板。排挡盖板没有螺钉固定，直接用手把盖板向上拉出即可。盖板和车身是用几个塑料卡位固定的，不用太大力量就可以拉出。注意拔下连接盖板座椅加热开关的插头。

②拆除烟灰缸和点烟器。取出烟灰缸托盘，从那里能看到两个固定螺钉，用带磁性的十字旋具卸除。排挡盖板下也能看到两个固定螺钉，同样卸除。然后，用力向上拉出，使固定烟灰缸的两个卡位脱出。最后拿出这个烟灰缸，注意不要损坏连接上面的连线插头和灯。

③拆卸储物盒。卸除烟灰缸托架后面的两个螺钉，然后用手指伸入储物盒的两个扣位位置，往外拉一下，使得内部的两个塑料卡位脱开。储物盒松动后，用巧劲向外移出储物盒。注意储物盒移出过程中会有一定障碍，找到合适的位置和角度，就很容易移出。

2）汽车音响移出方法

①拆除副驾驶座前的杂物箱门。

②卸除杂物箱下方的空调风机盖板。外侧用力向下拉，塑料卡扣拉出后向外移出。

③拆除连接空调旋钮的 3 条拉线钢丝。两条在杂物箱内（黄色、紫色），一条在杂物箱下方（蓝色）。

④卸下中间空调旋钮下方的一个螺钉，然后取下旋钮下面的盖板。注意此处有多个塑料卡扣固定。

⑤打开盖板后，从下方能看到两个固定空调支架的螺钉。卸除这两个螺钉。

⑥在音响机的机架和面板支撑架之间有一空隙，用平口旋具轻轻一撬，把音响从中控台内移出。

（2）音响连线

1）打开车载 MP3 包装，内有车载 MP3 主机一个，连着音响插头。配有带插头的音频连线和 USB 延长线各一条。

2）音响插头的连接。拆开音响下的面板，能看到音响用于连接碟盒的碟盒接口插座。把车载 MP3 的音响插头插入到音响的这个碟盒接口内。每种车型和音响的碟盒接口位置可能不同，但是插口是标准的，不会插错。

（3）测试安装

1）插入并拧动汽车钥匙给音响供电。按 1～3 次 CD（CD/AUX）切换键，可以切换到车载 MP3 工作方式。需要按几次，取决于音响的功能、配置以及原来的工作状态。如果音响没配 CD 机或 CD 机内没有 CD 盘片，则会少按一次 CD 按键；如果音响没有打开 AUX 功能，又可以少按一次 CD 按键。切换成功后，车载 MP3 工作指示灯点亮，同时音响屏幕显示出 CD21－1，表示连线正确而且车载 MP3 工作正常。

2）把音响主机推回汽车面板内。注意里面的连线要有松动空间，不要被用力挤压，以防以后发生端线的故障。其他拆卸的螺钉和部件按照相反的次序装回。

3）车载 MP3 盒根据自己的喜好选择安放位置，固定好，防止造成碰撞异响。可以安装在副驾驶前储物箱内，播放过程中可以完全不动这些装置。

（4）使用操作

1）关闭音响，如果音响不在 MP3 模式下，可把 U 盘、读卡器或者活动硬盘插入到车载 MP3 盒的 USB 接口上，也可以用配备的 USB 延长线连接。这时的音频线孔（Line－In）一定不能插着音频线。

2）用钥匙首次打开音响，按 1（或 2～3）次 CD 键，可以切换到 MP3 播放方式。这时音响屏幕显示 CD2，车载 MP3 盒的工作指示灯点亮，U 盘 MP3 曲目开始播放。播放位置是从上次停止的位置继续，如果是首次插入 U 盘，就从第一首开始。

3）播放过程中，可以按音响的按键控制 MP3 的播放。用〈上一首〉/〈下一首〉选曲；用〈快进〉/〈快退〉快速选曲；用〈AM〉/〈FM〉/〈开关〉切换键来暂停 MP3 播放。

4）多次按 CD 按键，音响在 CD 和 MP3 之间切换。如果 CD 机内没有 CD 盘片，就不能切换到 CD 方式。

5）如果需要连接外接的 MP3、便携式 CD 机、MD、计算机、电话、电台等，需要把配备的音频线一端插在车载 MP3 盒的 Line－In 接口上，另一端插在其他播放器的 Line－Out 或者耳机插孔处。这时的 U 盘以及音响对 MP3 的控制按键不起作用。如果连接的是耳机插孔，需要把播放器的音量调到最大。

6）下车关闭音响，车载 MP3 会自动断电，不会对汽车用电产生影响。在 U 盘没有更换的情况下，下次再开音响，MP3 会从上次停止的曲目接着播放。

（5）汽车音响故障排除（见表 3—6）。

表 3—6　　汽车音响故障排除

故障现象	故障原因	排除方法
多次按 CD 键，车载 MP3 没有工作（屏幕没有正确显示、车载 MP3 工作灯未点亮）	车载 MP3 音响连线没有连接好	将插头紧紧插在音响位置
	首次开机安装出现问题	用钥匙关闭音响 20 s 后，再打开音响
U 盘播放没有声音	音响没有切换到 MP3 播放方式	按 CD 键切换，使车载 MP3 指示灯点亮
	音频线插在 MP3 插孔上了	拔出音频线插头
	U 盘工作灯不亮	拔出汽车钥匙关闭音响电源，20 s后重新打开音响电源（非法拔插 U 盘所致）
	U 盘/读卡器/硬盘盒不兼容	更换相应的 U 盘设备
	活动硬盘不能启动	硬盘需要的电太多，另配硬盘附加电源
	当前播放的 MP3 格式不对	删除或重新复制正确的 MP3 文件
播放其他的音源无声	音响没有切换到 MP3 播放方式	按 CD 键切换，使车载 MP3 指示灯点亮
	音频连线未连好	音频线一端插到 MP3 盒，另一端插到音源的输出端
	音源的音量太小	把连接的音源音量开到最大

（6）其他注意事项

1）车载 MP3 支持绝大部分 USB 接口的 U 盘、MP3 播放器、活动硬盘。其他存储体，如 CF 卡、SD 卡、MS 卡等，可以通过 USB 读卡器转接使用。只能识别 FAT16/FAT32 的 Windows 磁盘格式（通常默认都是这种格式）。

2）曲目可以存放在根目录，也可以存放在各级子目录。可以播放 16K－320K 的标准 MP3 格式的文件。按照子目录、根目录、文件存放的次序，顺序播放。

3）读卡器和活动硬盘盒因为兼容性问题，厂家承诺所有种类和品牌的都能保证能够使用。经过测试，绝大部分的都能够兼容。

5. 车载 MP3 音频转换器音质的判断

音质的好坏基本取决于以下几方面：

（1）MP3 的音质。MP3 本身采用的解码芯片是决定其音质好坏的关键。解码芯片是采用最高端的 Philips 的 SAA7750，还是普通的 Sigmatel 的 STMP3410，相关的内部电路的设计、焊接工艺、线路板材料等都会造成不同厂家的产品区别很大。

（2）音乐播放文件的质量。音源本身的好坏是影响音乐播放文件质量的重要因素。音源的质量又取决于音乐文件的格式和压缩比率。目前最主流的音乐格式是 MP3 和 WMA 两种格式，现今几乎所有 MP3 播放机都兼容这两个格式。MP3 是目前使用用户最多的有损压缩数字音频格式，一般听的 MP3 文件都是 128 kbps 压缩率的，压缩比大概是 1∶10，文件大小一般只有 4 M，在体积和音质上面达到一个比较平衡的位置。而从网上下载的歌曲的压缩率往往比较低，只有 96 kbps 甚至更低，效果不是很理想。这是网站出于下载速度还有版权问题而特意把压缩率调低的做法。要享受真正的音质，最好的办法就是自己找质量比较好的 CD 碟，自己进行压缩。一般来说，压缩比达到 192 kbps 的 MP3 文件，其音质就比较不错了，用好的 MP3 播放机播放，效果和 MD 的已经很接近，如果压缩到 320 kbps 的话，音质非常接近 CD 唱片，一般人都很难分辨出来。

（3）车载 MP3 音频转换器的质量。车载 MP3 音频转换器在建立个性化音乐欣赏系统方面起着重要作用。如果音频转换器中心频率不稳定，音响就会有噪声；预加重电路参数不匹配，系统的高低音质就会受影响，不能达到低音强劲、有力，人声还原真实，高频领域宽广、上扬足，取悦耳朵的标准。

（4）汽车调频立体声收音机的质量。汽车调频立体声收音机的信号接收和功放质量也影响着整个系统的音质。不同品牌和价位的汽车音响系统是有很大差异的。对同一部车，可以采用接收当地电台的调频广播来对比参照。

所以，使用车载 MP3 音频转换器可提高音质。

3.2.3　车载 DVD 的安装

1. 车载 DVD 分类

车载 DVD 分类见表 3—7。

表 3—7　　车载 DVD 分类

式样	安装方式	特　点
吸顶式	需悬于车顶部	对于车内空间要求大，一般小车上很少使用，大多安装于商务车上
遮阳板式	DVD 的显示屏在车内遮阳板上	这种显示屏可能会和原车上的遮阳板大小、厚度不一样，所以美观效果会欠缺一些
内藏式	主机自带的屏幕伸缩方式为内藏式驱动导轨式返转屏	比较节约车内空间，一般安装在原车 CD 或磁带机处，而且不使用时显示屏可以隐藏在主机机体内，可以保护显示屏屏面不受磨损
便携式	无须固定在车内	只依靠一根专配的汽车电源连接线插在汽车点烟口
大屏幕式	主机与显示屏在一起	对车内饰起到美化作用，视觉效果非常不错
头枕式	安装在前座椅上的头枕处	更安全一些，比较适用于公、商务车

2. DVD 与 GPS 合二为一的车载系统

仅一个设备如果能在有限汽车空间里面，集多种功能于一身，那样不仅能够节约大量的宝贵空间，还可以让使用更加方便快捷。

（1）导航仪操作系统。包括以下内容：

1）我的文件夹。包括收音机、电视、DVD、MP3、外部 AV 导入、MPEG。

2）多媒体。包括导航系统、收音机、电视、DVD、MP3、外部 AV 导入。

3）小助手。包括导航系统、文件管理器、地址簿、系统诊断。

4）娱乐。包括推箱子、黑白棋、俄罗斯方块。

5）系统。包括系统设置、AutoShell 设置、画面设置、音频设置、系统信息、系统升级。

（2）导航仪功能。包括时尚汽车影院、智能自主导航、车载计算机、车载电视、触摸屏功能、系统设置、Auto－shell 设置、游戏、外部 AV 接入以及数字调谐收音机等。

3. 车载 DVD 选择

中高档车载 DVD 几乎被国外品牌占据。国内现在生产 DVD 的厂家较多，仅品牌就有上百种，但大多数以中低档机为主，显示屏也是低档的较多，由于这一市场的利润还算可以，所以市场上也不乏一些小厂生产的贴牌组装机。从价格上看，中高档的国外品牌 DVD 视听影音设备价位一般要在 1 万元左右，国产的一些较好的品牌价位一般在 6 000～7 000 元，这部分机器虽然价位高了些，但质量更有保证。

选择重点——显示屏。

（1）辨“色”。显示器分为 TFT（真彩）与 STN（伪彩）两种显示模式。真彩模式的显示屏色彩鲜艳且逼真，视角宽；相反，伪彩模式则很暗淡，视角窄。

（2）看清晰度。在国产显示器的说明书上基本看不到像素指标，所以建议通过不同角度翻转显示器，以观察其清晰度。

（3）看亮度。因为使用环境一般亮度较强，只有显示屏亮度补偿能力较强时，影像才会有适当的亮度。此外，还可以比较显示屏的厚度。好的显示屏比较薄，厚的反而较差。

4. 车载 DVD 的安装

（1）电气连接

1）请在认真阅读安装手册的注意事项后，连接好汽车上的连接端子。

2）接喇叭线前须检查原车喇叭布线，若有接地或共地时必须重新布线。

3）电源使用汽车 12 V 负极接地电源系统，切勿将功放或天线遥控线接在＋12 V 或地线上，以免发生危险。

4）为了防止机器损坏，应按照如图 3—10 所示进行连接。

5）连接之前，应去除导线 5 mm 左右的绝缘外皮。

6）在接线工作完成之前，不要插入电源连接器。

7）务必绝缘任何暴露的电缆线，防止在汽车车架发生短路，捆扎好所有电缆线。

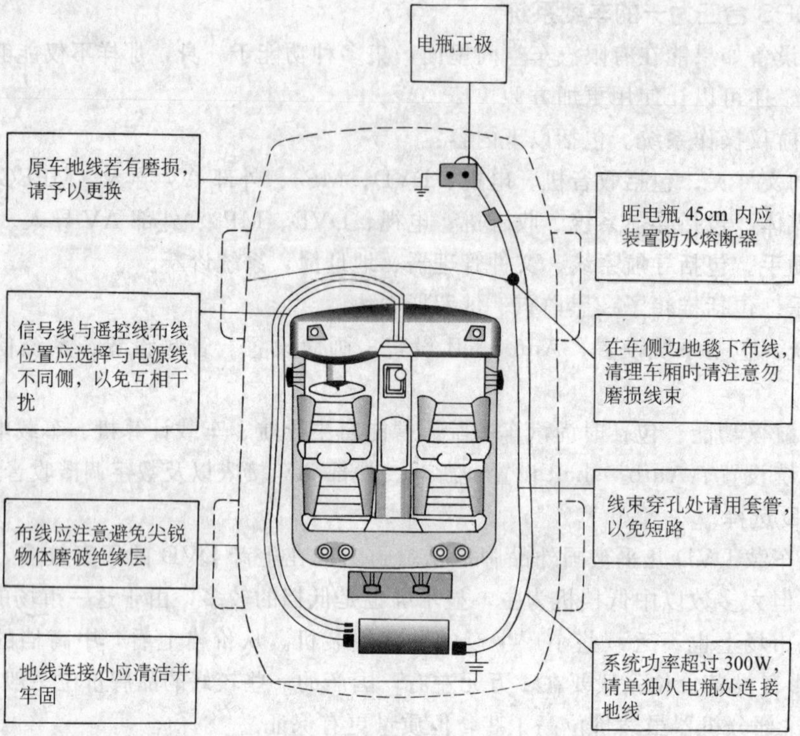

图 3—10　汽车内部接线示意图

8）避免任何接线端子与汽车机壳金属部分接触。

（2）功能控制端的连接

1）12 V 电池导线（黄色），连接至汽车蓄电池或 12 V 不间断直流电源。

2）ACC 点火开关导线（红色），连接至 ACC 电源开关。

3）GND 接地导线（黑色），连接至汽车底盘清洁、裸露的金属部分上。

4）TEL－MUTE 电话静音控制导线（橙色），连接至汽车的电话静音控制线路。如果车内没有车载电话，请将该线连接至 ACC 电源上，否则系统将处于静音状态。

5）EXT. SENSOR 连接外部红外接受器。

6）AUTO－ANT 连接至天线发动机驱动控制电路。

7）LIGHT 连接至大灯控制端。

（3）扬声器的连接

1）本系统内置功放输出任一端严禁接地，否则会烧坏功放。请勿使用共接地线的 3 线型扬声器系统，不可将扬声器线接在车体上，请勿在一组扬声器导线上多接扬声器。

2）本机所使用扬声器的有效功率应选取在 30 W 以上。扬声器阻抗为 4～8 Ω。

3）为避免干扰，扬声器线应离天线与天线延长线约 300 mm。

4）请仔细按照图 3—11 的 16PIN 输出连接线示意图进行连接，连接完成后请仔细检查接线的正确性，确认无误后，才能接通电源。

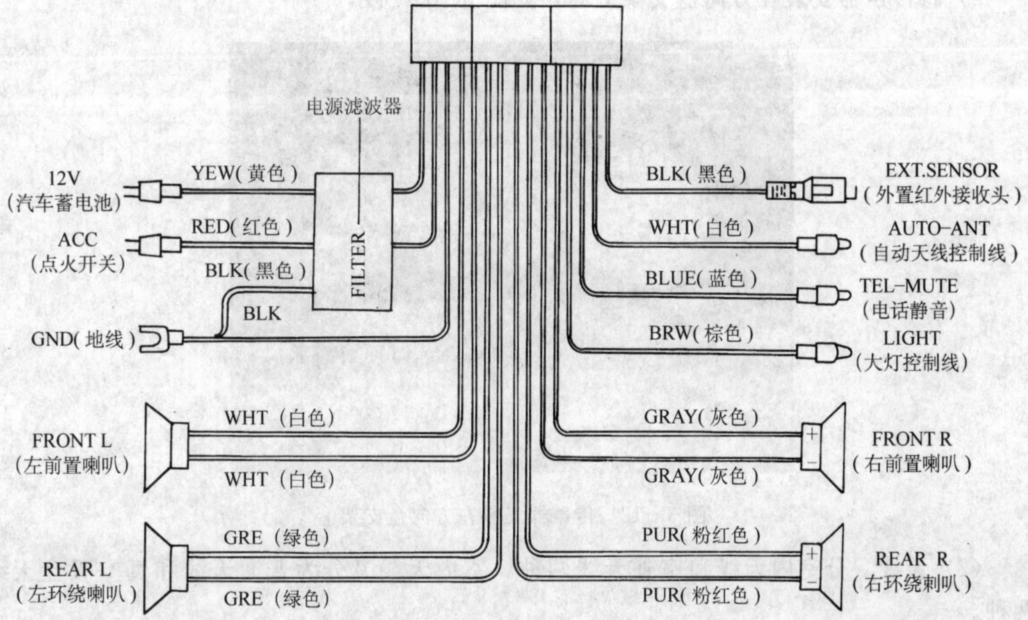

图 3—11　16PIN 输出连接线示意图

5）接线后请仔细判别 FRONT－L 与 FRONT－R 的相位，而后再判别 REAR－L 与 REAR－R 的相位，如果相位相反，应进行调整，否则会影响音响效果。

3.3　电子智能系统及发展趋势

3.3.1　车载电话的选装

1. 车载电话简介

车载电话是一些轿车上的加装设备，也称车装电话。车载电话技术是在原无线电通信基础上发展起来的。车载电话是综合了交换技术、控制技术和终端设备技术而构成的一个具有新功能的系统。

车载电话从形式上可分为两部分，一部分是装在车上的无线电话设备，通常称之为车台（移动台），车台内装有无线电收发设备；另一部分是基地台（基台），安装在电话局、汽车调度台、公安指挥所等地方，包括发送、接收和控制三套设备。

2. 安装方式

车载电话安装分 5 个部分，分别是传声器（MIC）、天线、手柄、主机和手柄座。以下是一般安装方式：

（1）传声器。安装传声器有两种方式。

1）将传声器安装在驾驶座的左侧挡风玻璃左上角。

2）将传声器安装在方向盘支架上面，如图 3—12 所示。

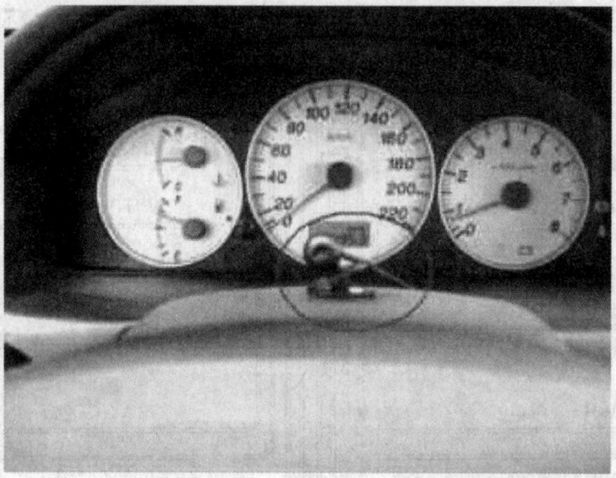

图 3—12　传声器安装在方向盘支架上

（2）天线。分室内天线和室外天线两种。室内天线又分为普通天线和真空吸盘天线两种。

1）普通天线。将天线安装在前挡风玻璃的右上角（以车内为视角），如图 3—13 所示。

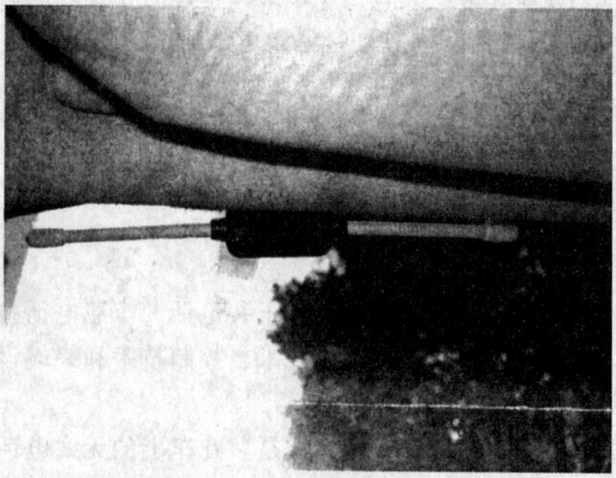

图 3—13　天线安装在前挡风玻璃上

2）真空吸盘天线。将天线安装在挡风玻璃的右上角。

3）室外天线。一般带吸铁底座，视具体情况自己选择安装位置。

(3) 手柄。一般有两种安装方式。

1）将手柄安装在中控台右边、副驾驶的前方，如图 3—14 所示。

2）安装在中控台左边，驾驶座的前方。

图 3—14　手柄安装在副驾驶前方

(4) 主机。将主机安装在副驾驶座位下方进行固定，如图 3—15 所示。

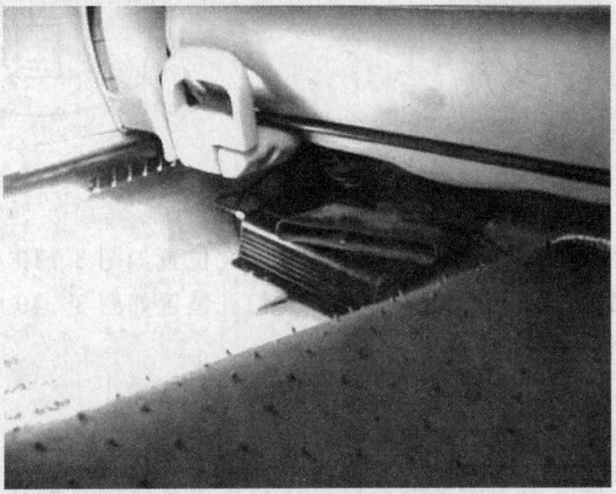

图 3—15　主机安装在副驾驶座位下方

主机螺钉安装示意图如图 3—16 所示。

如图 3—17 所示为主机背板图，图中标有“UIM”字符上螺钉的小板为 UIM 卡安装位置，把此小板卸下后，将 UIM 卡按上部的 UIM 卡图标方向装入插座内，再扣紧插座。

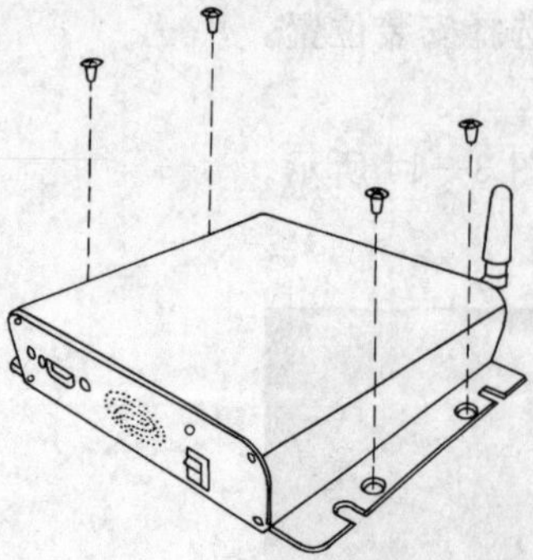

图 3—16　主机螺钉安装示意图

图 3—17　主机背板图

（5）手柄座。图 3—18 所示为手柄座示意图。手柄座有 3 种安装方式。手柄座背视图如图 3—19 所示。

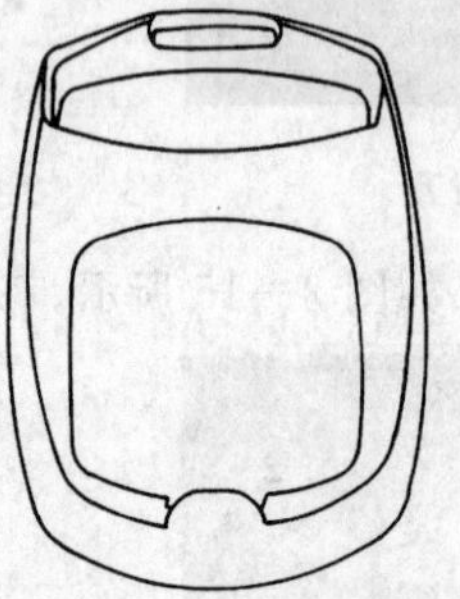

图 3—18　手柄座示意图

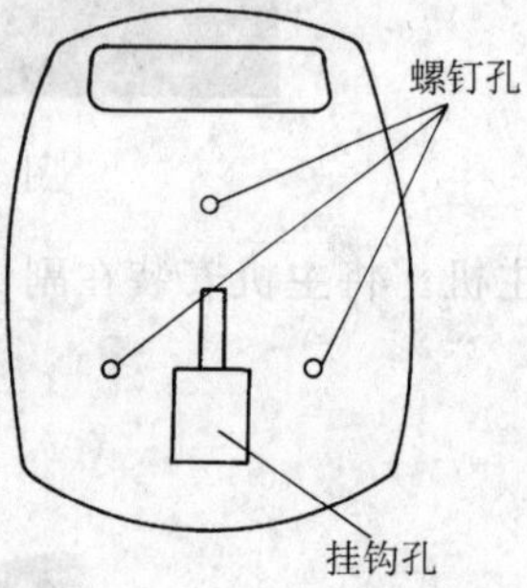

图 3—19　手柄座背视图

1）建议将手柄座通过挂钩孔挂在车内，挂钩孔位置如图 3—19 所示。

2）通过 3 个螺钉将手柄座固定在车内，螺钉孔位置如图 3—19 所示。

3）用双面贴胶将手柄座粘在车内。

3. 手机锁车简介

（1）手机锁车概述。手机锁车的标准称呼是全球锁 TM 汽车远程防盗器，属第六代智能防盗产品，由美国菲士韦尔数码集团有限公司研发成功并已在美国率先上市，获得成功。

“全球锁”顾名思义即把汽车停在某处后，即使走遍全球，只要通过手机就可以随时掌控汽车。全球锁 TM 利用移动通信技术研发而成，车主手机或车主指定的另外两部手机就是汽车遥控器，不需要传统防盗器的遥控器，直接用手机替代遥控器发出布防或撤防指令，除这三部手机外，任何手机都无法对汽车进行布防或撤防。用手机布防后，被解码偷车的可能性为零，彻底解除了因为使用遥控器而被解码偷车的顾虑，真正实现了手机锁汽车。

(2) 手机锁车的功能和优势

1) 杜绝解码。手机锁车，无码可解，不存在被解码偷车的可能，是解码偷车的真正克星。

2) 手机遥控。无论远近，用自己的手机就能对汽车进行开关门、监听、断油断电、定位操作。

3) 防盗拒偷。出现险情，全球锁会在 10 s 内向车主指定的三部手机循环报警，直到其中一部手机确认为止。车主可及时处理警情。

4) 车主识别。只有车主指定的 3 个号码能操控汽车，其他任何手机、座机都无法操控。

5) 防劫拒抢。遇抢时，车主只要尽快脱身，通知另外两部手机中的一部，拨打全球锁就可以立刻切断油路/电路。或悄悄按下“紧急按钮”，汽车会自动把警情报给指定的第三个号码，如无应答，再报给第二个指定号码。

6) 远程监控。实现了在全球范围内对车的监听和定位（需要当地 GSM 网络支持）。

7) 经济实用。任何手机都可以配套使用。拨通后选择挂机即可实现布/撤防，话费为零，更无服务费。

3.3.2 蓝牙技术介绍

1. 蓝牙技术的起源及现状

“蓝牙”(Bluetooth) 原是一位在 10 世纪统一丹麦的国王，他将当时的瑞典、芬兰与丹麦统一起来。用他的名字来命名这种新的技术标准，含有将四分五裂的局面统一起来的意思。蓝牙是一种使用高速跳频和时分多址等先进技术，支持设备短距离通信（一般是 10 m 之内）的无线电技术。能在包括移动电话、PDA、无线耳机、笔记本电脑、相关外设等众多设备之间进行无线信息交换。蓝牙技术将是网络中各种外围设备接口的统一桥梁，它消除了设备之间的连线，使设备以无线连接。蓝牙的标准是 IEEE802.15，工作频率在 2.4 GHz 频带，带宽为 1 Mb/s。

1998 年 5 月，爱立信、诺基亚、东芝、IBM 和英特尔公司五家著名厂商，在联合开展短程无线通信技术的标准化活动时提出了蓝牙技术，其宗旨是提供一种短距离、低成本的无线传输应用技术。这五家厂商还成立了蓝牙特别兴趣组，以使蓝牙技术能够成为未来的无线通信标准。芯片霸主英特尔公司负责半导体芯片和传输软件的开发，爱立信负责无线射频和移动电话软件的开发，IBM 和东芝负责笔记本电脑接口规格的开发。1999 年下半年，著名的业界巨头微软、摩托罗拉、三康、朗讯与蓝牙特别小组的 5 家公司共同发起成立了蓝牙技术推广组织，从而在全球范围内掀起了一股“蓝牙”热潮。全球业界即将开发一大批蓝牙技术的应用产品，使蓝牙技术呈现出极其广阔的市场前景，并预示着 21 世纪初将迎来波澜壮阔的全球无线通信浪潮。

目前，蓝牙技术已被普遍应用在笔记本电脑上，以帮助两台（或多台）笔记本电脑之间实现无线通信。较红外线传输有的“必须保证传输信息的两个设备正对，且中间不能有障碍物”“几乎无法控制信息传输的进度”“没有成为被广泛接受的工业标准、设备种类不多”等致命的缺陷，蓝牙的优势显示出了勃勃生机。全世界已有 2 161 家公司参加了 SIG（Special Interest Group）组织，并正在共同制定蓝牙技术标准。SIG 的核心公司除上述最初提出开发蓝牙技术的 5 家公司外，还有三康、朗讯、微软和摩托罗拉 4 家。SIG 成员公司包括个人计算机、移动电话、网络相关设备、外围辅助设备和 AV 设备、通信设备和汽车电子、自动售货机、医药器械、计时装置等诸多领域的设备制造公司。

2. 蓝牙的技术特点及匹配规则

（1）技术特点

1）采用跳频技术，数据包短，抗信号衰减能力强。

2）采用快速跳频和前向纠错方案以保证链路稳定，减少同频干扰和远距离传输时的随机噪声影响。

3）使用 2.4 GHz ISM 频段，无须申请许可证。

4）可同时支持数据、音频、视频信号。

5）采用 FM 调制方式，降低设备的复杂性。

（2）匹配规则。两个蓝牙设备在进行通讯前，必须将其匹配在一起，以保证其中一个设备发出的数据信息只会被经过允许的另一个设备所接受。蓝牙技术将设备分为两种，即主设备和从设备。

1）蓝牙主设备特点。主设备一般具有输入端。在进行蓝牙匹配操作时，用户通过输入端可输入随机的匹配密码将两个设备匹配。蓝牙手机、安装有蓝牙模块的 PC 等都是主设备。例如，蓝牙手机和蓝牙 PC 进行匹配时，用户可在蓝牙手机上任意输入一组数字，然后在蓝牙 PC 上输入相同的一组数字，来完成这两个设备之间的匹配。

2）蓝牙从设备特点。从设备一般不具备输入端。因此，从设备在出厂时，在其蓝牙芯片中，固化有一个 4 位或 6 位数字的匹配密码。蓝牙耳机、优士通 UD 笔等都是从设备。例如，蓝牙 PC 与 UD 笔匹配时，用户将 UD 笔上的蓝牙匹配密码正确地输入到蓝牙 PC 上，完成 UD 笔与蓝牙 PC 之间的匹配。

3）主设备与主设备之间、主设备与从设备之间，是可以互相匹配在一起的，而从设备与从设备是无法匹配的。例如，蓝牙 PC 与蓝牙手机可以匹配在一起，蓝牙 PC 也可以与 UD 笔匹配在一起，而 UD 笔与 UD 笔之间是不能匹配的。

4）一个主设备，根据其类型的不同，可匹配一个或多个其他设备。例如，一部蓝牙手机，一般只能匹配 7 个蓝牙设备。而一台蓝牙 PC，可匹配十多个或数十个蓝牙设备。

5）在同一时间，蓝牙设备之间仅支持点对点通讯。

3. 蓝牙在汽车中的应用和展望

蓝牙在汽车中有其他无线传输方式不可替代的应用优势，其低功耗、小体积、低价位等特点使其在汽车工业中具有很强的竞争力，目前蓝牙的应用主要表现在把便携电子产品，如 PDA、蜂窝电话同车载设备连接起来，但是蓝牙未来的应用更趋向于同车载设备集成在一起，通过蓝牙来连接车辆上的多个系统，比如电源管理系统、制动系统、减振系统和后座娱乐系统等，从而减轻车辆重量和车内布线的复杂度，实现汽车的智能化。

（1）汽车信息平台解决方案。采用蓝牙技术作为整个汽车信息系统的控制子系统，完成整个车辆内部的控制信息和主要数据信息传输；同时使用 GPRS/GSM/CDMA 访问因特网，GPS 进行定位。应用基于 Linux 的嵌入式操作系统作为其操作平台。实现免提电话、无线互联、移动办公、汽车娱乐、电子导航、无线定位、自助缴费、故障诊断等功能。

1）免提电话。用户在驾车时，将个人移动电话放置在旁边的座椅上，用声控或控制键完成拨号、接听、挂断和音量调节等功能，并通过安装在车内挡风玻璃上的传声器和音响系统进行双向免提通话。驾驶者不需要拿着话筒贴近耳朵和手指按键盘拨号，也允许用户在汽车上使用自己的私人手机，而无需使用永久安装在车上的移动电话。

2）无线互联。车载信息平台可以通过 GPRS/GSM/CDMA 访问因特网，下载影音文件，收发电子邮件，玩在线游戏甚至移动办公。

3）故障诊断。防撞、气压等传感器将检测到的数据通过蓝牙实时地传到车载电子信息系统中进行处理。再通过 GPRS/GSM/CDMA 传输到汽车修配厂，或直接连接到维修中心网站，维修中心的工作人员查看故障码并从数据库中调出该车资料，判断出故障的位置、原因和解决方案，立即指导车主如何去做。

4）自助缴费。当汽车经过收费站时，可以通过蓝牙无线连接收费系统，实现不停车缴费。

（2）蓝牙车载电话。蓝牙技术在汽车上的最主要的应用是蓝牙车载电话。一些德国的顶级轿车，如奔驰、宝马均采用了蓝牙技术的车载电话，其他一些国际知名的汽车制造商制造的较高级的轿车上也有应用。车载电话系统可利用蓝牙方式访问手机 SIM（用户识别模块）卡上的信息。无需将手机 SIM 卡插入车载电话便可使用车载电话功能。该车载电话系统可通过蓝牙方式，无线访问记录在 SIM 卡中的手机号码、用户 ID、电话服务公司及电话本等信息，自动登录 GSM 网络。由于可利用车载电话功能，因此，可使用外部天线、免提功能及外部键盘。携带 SIM 卡手机的乘客一旦进入车内，便会向车载系统切换。携带手机下车，或操作手机键盘，则可当做普通手机使用。另外，还以选配方式设置了可通过车内电源进行充电的固定支架。可见平时蓝牙手机可以作为普通的手机使用，而带上车后不用操作，自动可以与车上的系统结合，使用外部天线、免提功能及外部键盘。

（3）蓝牙耳机。蓝牙耳机是一种基于蓝牙技术的一种小型设备，只需要把这种轻巧的设备藏在耳朵边而不需要直接使用通信设备（手机、计算机等）就可以实现自由通话，特点如图 3—20 所示。

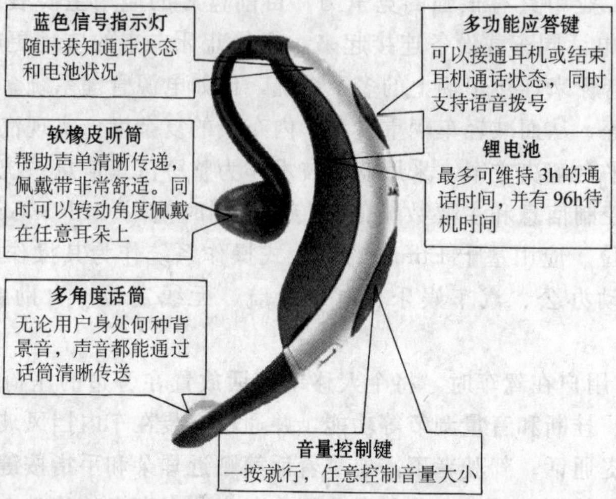

图 3—20　蓝牙耳机各部分的特点

3.3.3　GPS 全球卫星定位系统介绍

1. GPS 发展历史与系统组成

为了解决海军舰艇的定位导航问题，自 1957 年人类发射第一颗卫星开始，美国海军就着手卫星定位方面的研究工作，产生了子午仪卫星导航系统（Transit），尽管子午仪卫星导航系统得到了广泛的应用，并显示出巨大的优越性，但在实际应用方面仍存在缺陷，如观测时间较长、定位精度不高、只有经纬度、没有高程。鉴于子午仪卫星导航系统存在的缺陷，美国国防部制定了现在的 GPS（全球卫星定位系统）方案。

GPS 卫星提供了 P 码（精码）和 C/A 码（粗码）两种定位服务。P 码为军方服务，定位精度达到 3 m；C/A 码对社会开放，定位精度为 14 m。出于自身安全的考虑，美国先后实施了 SA 和 AS 政策。SA 政策在 C/A 码中人为引入了误差，使定位精度下降到 100 m；AS 政策则对 P 码实行加密。由于 GPS 对社会开放，因此，各类接收机、测量设备如雨后春笋般涌现，并广泛应用于各行各业，彻底改变了传统的定位导航方式。

2. GPS 的原理

GPS 系统主要由 3 部分组成，即空间星座部分、地面监控部分和用户设备部分。

24 颗 GPS 卫星在离地面 12 000 km 的高空上，每 12 h 环绕地球运行一圈，使得在任意时刻，在地面上的任意一点都可以同时观测到 4 颗以上的卫星，如图 3—21 所示。

由于卫星的位置精确可知，在 GPS 观测中可得到卫星到接收机的距离，利用三维坐标中的距离公式，就可以组成 3 个方程式，解出观测点的位置（X，Y，Z）。考虑到卫星的时钟与接收机时钟之间的误差，实际上有 4 个未知数，X、Y、Z 和钟差，因而需要引

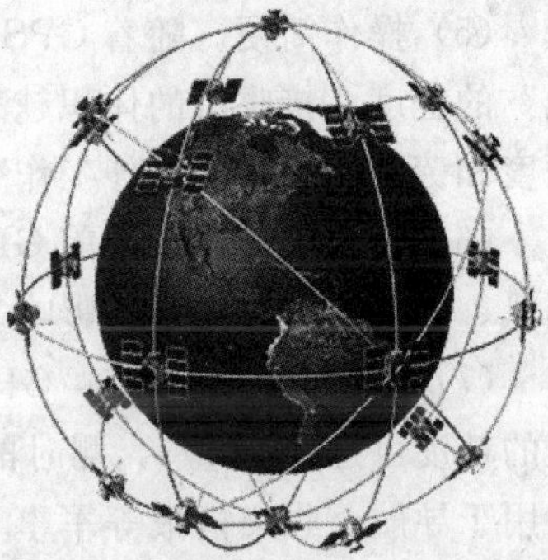

图 3—21　GPS 系统空间星座部分

入第 4 颗卫星，形成 4 个方程式进行求解，从而得到观测点的经纬度和高程。事实上，接收机往往可以锁住 4 颗以上的卫星，这时，接收机可按卫星的星座分布分成若干组，每组 4 颗，然后通过算法挑选出误差最小的一组用于定位，从而提高精度。

由于卫星运行轨道、卫星时钟存在误差，大气对流层、电离层对信号的影响，以及人为的 SA 保护政策，使得民用 GPS 的定位精度只有 100 m。为提高定位精度，普遍采用差分 GPS（DGPS）技术，建立基准站（差分台）进行 GPS 观测，利用已知的基准站精确坐标，与观测值进行比较，从而得出一个修正数，并对外发布。接收机收到该修正数后，与自身的观测值进行比较，消去大部分误差，得到一个比较准确的位置。实验表明，利用差分 GPS，定位精度可提高到 5 m，如图 3—22 所示。

图 3—22　GPS 系统地面监控部分

3. GPS 的特点

（1）定位精度高。通过很多应用实践已经证明，GPS 相对定位精度在 50 km 以内可达 10^{-6}，100～500 km 可达 10^{-7}，1 000 km 以上可达 10^{-9}，在 300～1 500 m 工程精密定位中，1 h 以上观测的解算，其平面位置误差小于 1 mm。基线边长越长越能凸显出定位精度高的优势。

（2）观测时间短。由于 GPS 系统的不断完善，软件不断更新，目前 20 km 以内相对静态定位，仅需 15～20 min，快速静态相对定位测量时，当每个流动站与基准站相距在 15 km 以内时，流动站只需观测 1～2 min，动态相对定位测量时，流动站出发时观测 1～2 min，然后可随时定位，每站观测仅需几秒。

（3）测站间无须通视。GPS 测量不要求测站之间互相通视，只需测站上空开阔即可，因此，可节省大量的造标费用。由于无需点间通视，点位位置可根据需要，可稀可密，使选点工作甚为灵活，也可省去经典大地网中的传算点、过渡点的测量工作。

（4）可提供三维坐标。经典大地测量将平面与高程采用不同方法分别施测。GPS 可同时精确测定测站点的三维坐标。目前 GPS 水准可满足四等水准测量的精度。

（5）操作简便。随着GPS接收机不断改进，自动化程度越来越高，有的已达“傻瓜化”的程度；接收机的体积越来越小，重量越来越轻，极大地减轻测量工作者的工作紧张程度和劳动强度，使野外工作变得轻松愉快。

（6）全天候作业。目前GPS观测可在24 h内的任何时间进行，不受阴天黑夜、起雾刮风、下雨下雪等气候的影响。

（7）功能多、应用广。GPS系统不仅可用于测量、导航，还可用于测速、测时。测速的精度可达0.1 m/s，测时的精度可达几十毫微秒。当初，设计GPS系统的主要目的是用于导航、收集情报等军事目的。但是，后来的应用开发表明，GPS系统不仅能够达到上述目的，而且用GPS卫星发来的导航定位信号能够进行厘米级甚至毫米级精度的静态相对定位，米级至亚米级精度的动态定位，亚米级至厘米级精度的速度测量和毫微秒级精度的时间测量。因此，GPS系统展现了极其广阔的应用前景。

4. GPS的应用

自GPS对民间开放以来，各种产品、应用层出不穷，GPS已经深入国民生产、日常生活的方方面面。

（1）测量。GPS技术给测绘界带来了一场革命。利用载波相位差分技术（RTK），在实时处理两个观测站的载波相位的基础上，可以达到厘米级的精度。与传统的手工测量手段相比，GPS技术有着巨大的优势：测量精度高；操作简便，仪器体积小，便于携带；全天候操作；观测点之间无须通视；测量结果统一在WGS84坐标下，信息自动接收、存储，减少烦琐的中间处理环节。当前，GPS技术已广泛应用于大地测量、资源勘查、地壳运动、地籍测量等领域。

（2）交通。出租车、租车服务、物流配送等行业利用GPS技术可以对车辆进行跟踪、调度管理，合理分布车辆，以最快的速度响应用户的乘车或配送请求，可以降低能源消耗，节省运行成本。GPS在车辆导航方面发挥了重要的作用，在城市中建立数字化交通电台，实时发布城市交通信息，车载设备通过GPS进行精确定位，结合电子地图以及实时的交通状况，自动匹配最优路径，并实行车辆的自主导航。民航运输通过GPS接收设备，使驾驶员着陆时能准确对准跑道，同时还能使飞机紧凑排列，提高机场利用率，引导飞机安全进离场。

（3）救援。利用GPS定位技术，可对火警、救护、警察进行应急调遣，提高紧急事件处理部门对火灾、犯罪现场、交通事故、交通堵塞等紧急事件的响应效率。特种车辆（如运钞车）等可对突发事件进行报警、定位，将损失降到最低。有了GPS的帮助，救援人员就可在人迹罕至、条件恶劣的大海、山野、沙漠中，对失踪人员实施有效的搜索、拯救。装有GPS装置的渔船，在发生险情时，可及时定位、报警，使之能更快更及时地获得救援。

（4）农业。当前，发达国家已开始把GPS技术引入农业生产，即所谓的“精准农业耕作”。该方法利用GPS进行农田信息定位获取，包括产量监测、土样采集等，计算机系统通过对数据的分析处理，决策出农田地块的管理措施，把产量和土壤状态信息装入带有GPS设备的喷施器中，从而精确地给农田地块施肥、喷药。通过实施精准耕作，可在尽量不减产的情况下，降低农业生产成本，有效避免资源浪费，降低因施肥除虫对环境造成的污染。

（5）娱乐消遣。随着GPS接收机的小型化以及价格的降低，GPS逐渐走进了人们的日常生活，成为人们旅游、探险的好帮手。通过GPS，人们可以在陌生的城市里迅速地找到目的地，并且可以以最优的路径行驶；野营者携带GPS接收机，可快捷地找到合适的野营地点，不必担心迷路；甚至一些高档的电子游戏，也使用了GPS仿真技术。

3.3.4　车载GPS系统应用

1. GPS系统在交通运输中的应用

如图3—23所示，GPS导航系统与电子地图、无线电通信网络及计算机车辆管理信息系统相结合，可以实现车辆跟踪和交通管理等许多功能，这些功能包括：

（1）车辆跟踪。利用GPS和电子地图可以实时显示出车辆的实际位置，并任意放大、缩小、还原、换图；可以随目标移动，使目标始终保持在屏幕上；还可实现多窗口、多车辆、多屏幕同时跟踪。利用该功能可对重要车辆和货物进行跟踪运输。

（2）提供出行路线规划和导航。提供出行路线规划是汽车导航系统的一项重要辅助功能，包括自动线路规划和人工线路设计。自动线路规划是由驾驶者确定起点和目的地，由计算机软件按要求自动设计最佳行驶路线，包括最快的路线、最简单的路线、通过高速公路路段次数最少的路线等的计算。人工线路设计是由驾驶者根据自己的目的地设计起点、终点和途经点等，自动建立线路库。线路规划完毕后，显示器能够在电子地图上显示设计线路，并同时显示汽车运行路径和运行方法。

（3）信息查询。为用户提供主要物标，如旅游景点、宾馆、医院等数据库，用户能够

图3—23　GPS导航系统与电子地图

在电子地图上根据需要进行查询。查询资料可以以文字、语言及图像的形式显示，并在电子地图上显示其位置。同时，监测中心可以利用监测控制台对区域内的任意目标所在位置进行查询，车辆信息将以数字形式在控制中心的电子地图上显示出来。

（4）话务指挥。指挥中心可以监测区域内车辆运行状况，对被监控车辆进行合理调度。指挥中心也可随时与被跟踪目标通话，实行管理。

（5）紧急援助。通过 GPS 定位和监控管理系统可以对遇到险情或发生事故的车辆进行紧急援助。监控台的电子地图显示求助信息和报警目标，规划最优援助方案，并以声光报警信号提醒值班人员进行应急处理。

2. 最常用的 GPS 接收器及其分类

（1）最常用的 GPS 接收器

1）汽车导航仪。汽车导航仪是集计算机、通信导航、地图信息为一体的高科技产品，通常都具备笔记本 PC 的基本功能，可以方便地连接网络、发送传真和进行数据通信，并且内置 GPS 接收器，提供 GPS 天线接口，装载定位导航软件，利用接收到的 GPS 信号为车辆提供全天候、全时域位置信息，并可以在屏幕上显示当时车辆运行情况。用户可以预先自定义行进路线、路旁标记和航路点，保存预先设定的路线或已走过的路线，以便再次查询。通过查询电子地图，用户能了解某地区的地理环境和交通状况，增加对未来旅途的预测，当发现了一些原地图中没有的道路，可以通过“记录新路”来更新地图。

2）GPS 手持机。GPS 手持机是利用 GPS 基本原理设计而成的，体积小巧、携带方便、独立使用的全天候实时定位导航设备。好的手持机必备的条件是灵敏度高、信息存储量大、外部接口齐全。

GPS 手持机按用途可分为陆用型、空用型、海用型。陆用型 GPS 手持机一般没有内置地图，主要利用航路点记录，选择相应航路点可自动生成路线。内置天线使得机型小巧，是应用最广的 GPS 设备；空用型提供全球空域图和地域图，灵敏度极高，适用于在高速行进的飞机中定位；海用型内置全球海图，超大屏幕，提供可固定在船体上的配套支架和天线。

（2）按接收机的用途分类

1）导航型接收机。此类型接收机主要用于运动载体的导航，可以实时给出载体的位置和速度。这类接收机一般采用 C/A 码伪距测量，单点实时定位精度较低，一般为 ±25 mm，有 SA 影响时为 ±100 mm。这类接收机价格便宜，应用广泛。根据应用领域的不同，此类接收机还可以进一步分为：

①车载型——用于车辆导航定位。

②航海型——用于船舶导航定位。

③航空型——用于飞机导航定位。由于飞机运行速度快，因此，在航空上用的接收机要求能适应高速运动。

④星载型——用于卫星的导航定位。由于卫星的速度高达 7 km/s 以上，因此，对接

收机的要求更高。

2）测地型接收机。测地型接收机主要用于精密大地测量和精密工程测量。这类仪器主要采用载波相位观测值进行相对定位，定位精度高。仪器结构复杂，价格较贵。

3）授时型接收机。这类接收机主要利用 GPS 卫星提供的高精度时间标准进行授时，常用于天文台及无线电通信中的时间同步技术。

（3）按接收机的载波频率分类

1）单频接收机。单频接收机只能接收 L1 载波信号，以测定载波相位观测值进行定位。由于不能有效消除电离层延迟影响，单频接收机只适用于短基线（<15 km）的精密定位。

2）双频接收机。双频接收机可以同时接收 L1、L2 载波信号。利用双频对电离层延迟的不一样，可以消除电离层对电磁波信号延迟的影响，因此，双频接收机可用于长达几千公里的精密定位。

（4）按接收机通道数分类。GPS 接收机能同时接收多颗 GPS 卫星的信号，为了分离接收到的不同卫星的信号，以实现对卫星信号的跟踪、处理和测量，具有这样功能的器件称为天线信号通道。根据接收机所具有的通道种类可分为：

1）多通道接收机。

2）序贯通道接收机。

3）多路多用通道接收机。

（5）按接收机工作原理分类

1）码相关型接收机。码相关型接收机是利用码相关技术得到伪距观测值。

2）平方型接收机。平方型接收机是利用载波信号的平方技术去掉调制信号，来恢复完整的载波信号，通过相位计测定接收机内产生的载波信号与接收到的载波信号之间的相位差，从而测定伪距观测值。

3）混合型接收机。这种仪器是综合上述两种接收机的优点，既可以得到码相位伪距，也可以得到载波相位观测值。

4）干涉型接收机。这种接收机是将 GPS 卫星作为射电源，采用干涉测量方法，测定两个测站间的距离。

3. 车载 GPS 的组成

（1）GPS 接收处理一体化机（见图 3—24）。俗称 G－MOUSE，它把卫星信号接收后加以处理，转换成标准的格式通过电缆或插槽传输给计算机。一般有几种接口，如 RS232，USB，CF 卡式和 PCMCIA。

（2）便携笔记本电脑、PDA 掌上电脑（见图 3—25）、CARPC 车载电脑。它们的作用是把 G－MOUSE 送来的位置、速度、高度等信号进行处理再与电子地图结合，显示出当前所在位置和其他信息。

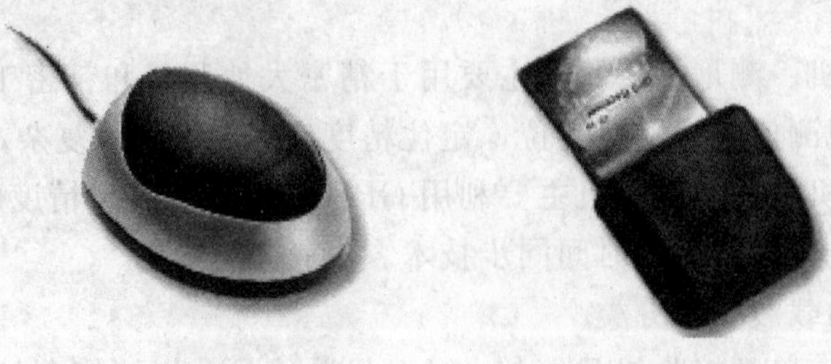

图 3—24　GPS 接收处理一体化机

图 3—25　便携笔记本电脑、PDA 掌上电脑

（3）电子地图（见图 3—26）。根据功能不同有自导航地图软件和定位软件之分。根据卫星信号在地图上标注出的当前位置，导航地图还可以进行路线规划及语音导航。GPS 卫星导航接收器、PDA 及电子地图的安装需要计算机软、硬件知识，请参考附件产品相关说明进行操作。

（4）PDA 或笔记本电脑专用托架（见图 3—27）。用于固定 PDA 或笔记本电脑。

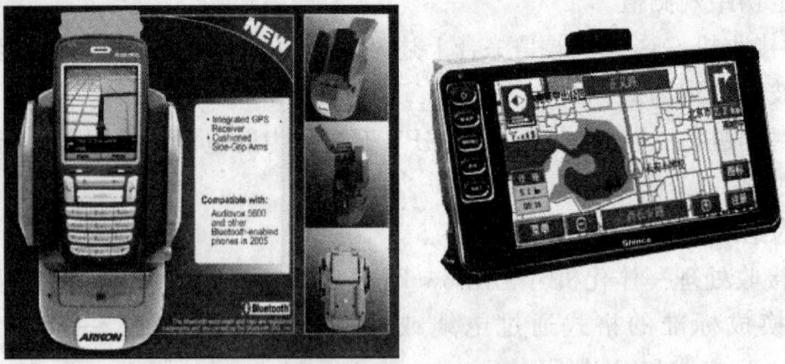

图 3—26　电子地图

（5）电源逆变器或专用充电器。用于将汽车内的 12 V 直流电变成 220 V 交流电供笔记本电脑或 PDA 使用。

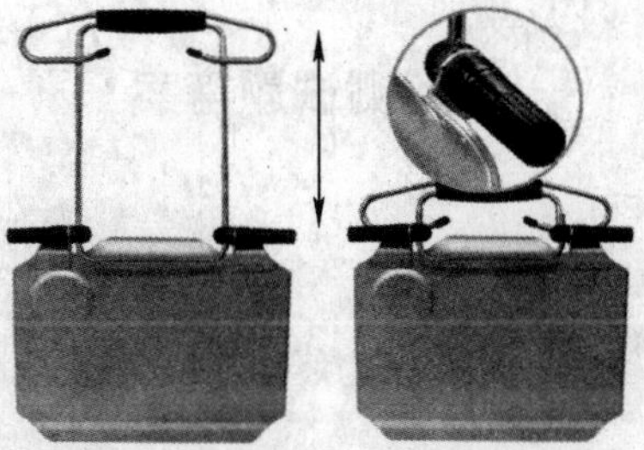

图 3—27　PDA 或笔记本电脑专用托架

单元测试题

一、判断题（下列判断正确的请打“√”，错误的打“×”）

1. 电源线号码越大线径越粗。（　）
2. 振动频率在 100 Hz 以下的声音称为超低音。（　）
3. 扬声器烧坏是因为声音太大。（　）
4. 车载 MP3 音频转换器在建立个性化音乐欣赏系统方面起着重要作用。（　）
5. 蓝牙是一种支持设备长距离通信的无线电技术。（　）

二、单项选择题（下列每题的选项中，只有 1 个是正确的，请将其代号填在横线空白处）

1. 超低音喇叭的尺寸一般可分为 8 英寸、10 英寸、15 英寸、________英寸等。
   A. 17　B. 18　C. 20　D. 21
2. MD 一般能录制________ min 立体声数码录音。
   A. 50　B. 65　C. 74　D. 90
3. DVD 连接至汽车的电话静音控制线路是________的控制导线。
   A. 黄色　B. 红色　C. 橙色　D. 黑色
4. 一部蓝牙手机，一般只能匹配________个蓝牙设备。
   A. 5　B. 6　C. 7　D. 8
5. 24 颗 GPS 卫星在离地面________ km 的高空上，每 12 h 环绕地球运行一圈。
   A. 12 000　B. 24 000　C. 36 000　D. 48 000

三、简答题

1. 汽车音响系统包括哪几个部分？
2. 简述最常用的 GPS 接收器和特点。

单元测试题答案

一、判断题

1. ×　2. ×　3. ×　4. √　5. ×

二、单项选择题

1. B　2. C　3. C　4. C　5. A

三、简答题

1. 答：汽车音响系统包括音源、前级信号、功率放大器、喇叭、电容、电子分音器、等化器以及线材。

2. 答：(1) 汽车导航仪为车辆提供全天候、全时域位置信息，并可以在屏幕上显示当时车辆运行情况。

(2) GPS 手持机可以显示路线图和具有定位功能。

4

第 4 单元

汽车日常维护

4.1 蓄电池使用与维护

众所周知，汽车的性能及使用寿命与日常的维护有非常紧密的联系。而蓄电池、机油和三滤的检查、更换、维护是汽车日常维护中的主体工作，本单元就对这些部件的检查、维护以及故障的处理进行介绍。

4.1.1 蓄电池的检查

蓄电池是一种可逆的低压直流电源，既能将化学能转换为电能，也能将电能转换为化学能。蓄电池分为碱性蓄电池和酸性蓄电池两大类。碱性蓄电池的电解液为化学纯净的氢氧化钠溶液或氢氧化钾溶液，酸性蓄电池的电解液为化学纯净的硫酸溶液。因为酸性蓄电池极板上活性物质的主要成分是铅，所以称为铅酸蓄电池。由于铅酸蓄电池具有内部电阻小、输出电压稳定、制造成本低、原材料丰富等突出优点，因此，在汽车上普遍采用。

1. 汽车用蓄电池的简介

(1) 汽车用蓄电池的分类。汽车用蓄电池按其结构可分为橡胶槽蓄电池和塑料槽蓄电池两类。按其性能可分为湿荷电蓄电池、干荷电蓄电池和免维护蓄电池 3 类。

1) 湿荷电蓄电池。蓄电池加注电解液后，极板才能保存充电过程中所得电量的蓄电池。

2) 干荷电蓄电池。极板在干燥状态下，能在较长时间（一般 2 年）内保存制造过程中所得电量的蓄电池。

3) 免维护蓄电池。在有效使用期（一般 4 年）内无需进行添加蒸馏水等维护工作的蓄电池（英文名称为 Maintenance-free Battery）或称无需维护蓄电池，简称 MF 蓄电池。

现代汽车普通采用干荷电蓄电池与免维护蓄电池。

(2) 汽车用蓄电池的结构。汽车用蓄电池一般由 6 个单格电池（也称为蓄电池单元）串联而成，每个蓄电池单元的电压约为 2 V，串联成 12 V。各型蓄电池的结构基本相同，都是由极板、隔板、电解液和壳体四部分组成，如图 4—1 所示。干荷电蓄电池的主要特点是极板制造工艺有所不同，免维护蓄电池的主要特点是极板材料和通气装置有所不同。免维护蓄电池采用袋式聚氯乙烯隔板，将正极板装在隔板袋内，既能防止正、负极板短路，又能防止活性物质脱落而使蓄电池输出电量降低。

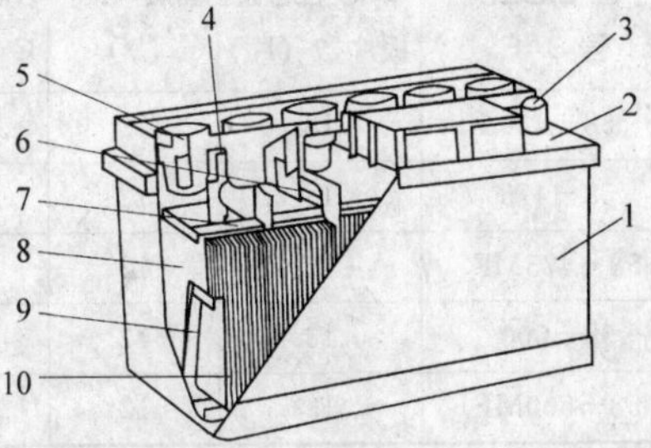

图 4—1 一般轿车用干荷电蓄电池的结构

1—塑料电池槽 2—塑料电池盖 3—正极柱 4—负极柱 5—加液孔螺塞 6—穿臂连条 7—汇流条 8—负极板 9—隔板 10—正极板

(3) 汽车用蓄电池的型号。根据机械工业部标准 JB 2599—85《铅蓄电池产品型号编制方法》规定，蓄电池产品型号由 3 部分组成，各部分之间用破折号分开，其内容及排列如下：

串联单个电池数 ⟶ 电池类型与特征 ⟶ 额定容量

1）串联单个电池数。串联单个电池数指一个整体壳体内所包含的蓄电池单元数目，用阿拉伯数字表示。

2）电池类型据其主要用途划分。启动型蓄电池用“Q”表示，代号“Q”是汉字“启”汉语拼音的首字母。

3）电池特征为附加部分。仅在同类用途的产品具有某种特征，而在型号中又必须加以区别时采用。如为干荷电蓄电池，则用汉字“干”汉语拼音的第二个字母“A”表示。如为无须（免）维护蓄电池，则用“无”字汉语拼音的第一个字母“W”来表示。如为军用蓄电池，则用“军”字汉语拼音的第一个字母“J”来表示。

4）额定容量。额定容量指 20 小时率（电池上标明的放电率，放电连续达到 20 h 者即为合格）的额定容量。用阿拉伯数字表示，其单位为安培小时（A・h），在型号中可略去不写。

例如：北京 N2020 型吉普车用 6－QAJ－60 型蓄电池，表示由 6 个蓄电池单元组成，额定电压为 12 V，额定容量为 60 A・h 的启动型干荷电军用蓄电池。

又如：东风 EQ1090 型载货汽车用 6－QA－105 型蓄电池，表示由 6 个蓄电池单元组成，额定电压为 12 V，额定容量为 105 A・h 的启动型干荷电蓄电池。

（4）蓄电池型号的选择。选择蓄电池型号需根据发动机阻力矩、起动机功率和蓄电池容量的大小计算确定。由于篇幅所限，本书不再详述，仅将常见国产车型选用蓄电池的情况列于表 4—1 至表 4—3，供选型参考。

表 4—1　切诺基吉普车蓄电池技术规格

蓄电池型号 SAE	单格电池极板片数（片）	额定电压（V）	储备容量 C_{r-n}（min）	启动电流 －18℃（A）	外形尺寸（mm）			质量（kg）	
					长	宽	总高	干态	湿态
58－430	13	12	80	430	238.4	182.4	175.7	11.0	15.0
58－475	13	12	82	475	238.4	182.4	175.7	12.5	16.5
58－475MF	13	12	82	475	238.4	182.4	175.7	—	16.5
58－500	13	12	85	500	238.4	182.4	175.7	12.5	16.5
58－500MF	13	12	85	500	238.4	182.4	175.7	—	16.5

表 4—2　桑塔纳、捷达、奥迪系列轿车蓄电池技术规格

蓄电池型号 DIN	单格电池极板片数(片)	额定电压（V）	20 小时率容量（A・h）	冷启动电流 I_s（A）	外形尺寸（mm）				最大质量（kg）		适用车型
					长	宽	槽高	总高	干态	湿态	
55415	13	12	54	265	293	175	175	175	12.5	17.5	桑塔纳、捷达
55415MF	13	12	54	265	293	175	175	175	—	17.5	桑塔纳、捷达

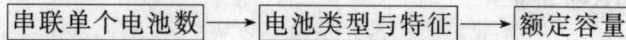

续表

蓄电池型号 DIN	单格电池极板片数(片)	额定电压(V)	20 小时率容量(A·h)	冷启动电流 I_s(A)	外形尺寸(mm)				最大质量(kg)		适用车型
					长	宽	槽高	总高	干态	湿态	
56316	15	12	63	300	293	175	175	175	14.0	19.0	捷达王、奥迪
56316MF	15	12	63	300	293	175	175	175	—	19.0	捷达王、奥迪
56318	15	12	63	300	293	175	175	175	14.0	19.0	捷达王、奥迪
56318MF	15	12	63	300	293	175	175	175	—	19.0	捷达王、奥迪

注：表中蓄电池型号规格符合德国工业标准（DIN 标准）。冷启动电流 I_s 是指 −18℃时的启动电流。

表 4—3　　国产汽车蓄电池的选型

汽车类别	车牌	车型	蓄电池型号	额定电压（V）	额定容量（A·h）
轿车	标致	505SX/505SW	6—QA—60	12	60
	夏利	TJ7100 系列	6—QA—45	12	45
越野汽车	北京	BJ2020SJ	6—QA—60	12	60
		BJ2020SAJ	58—430MF	12	80 (min)
	东风	EQ2081E	6—QA—105	12	105
		EQ2100E	6—QW—105	12	105
载货汽车	解放	CA1090	6—QAW—100	12	100
		CA1091	6—QA—100	12	100
	东风	EQ1090 系列	6—QA—105	12	105
		EQLZ1090D	6—QA—135	12	135
轻型汽车	解放	CA1026LF	6—QA—60	12	60
	跃进	NJ1041	6—QA—60	12	60
		NJ1041DAS	6—QA—80	12	80
	华利	TJ1010 系列	6—QA—36	12	36
	北京	BJ1041 系列	6—QA—60	12	60
	依维柯	Dairy IVECO	6—QA—88	12	88
微型汽车	昌河	CH1010	6—QA—36	12	36
	金杯	SY1040SLT	6—QA—100	12	100
	金杯	SY1041FBF 系列	N50Z	12	70
		SY1041DHF 系列			
		SY1041SHF 系列			
	金杯	SY1031SAH	6—QA—90	12	90
		SY1041DHF 系列			
		SY1041SHF 系列			

2. 蓄电池的检测

要检查蓄电池是否仍处于工作状态，可对下列各项指标进行检测，即蓄电池外观、蓄电池电解液液面、电解液密度、充电量或放电量。最需要检查的是其充电量多少。在某些情况下，即使蓄电池使用时间不长，也已处于完全放电状态，因此，要确定电池是否处于工作状态，首先要将蓄电池进行重新充电。

（1）外观检查。检查蓄电池外壳及帽盖是否有开裂或变形现象。如蓄电池外壳因过度紧固造成变形，就会引起过电流现象，因而造成蓄电池过热。蓄电池的变形也可能是其内部某些零件已损坏，在此情况下蓄电池就要更换。

通气孔应保持畅通。加液孔盖或螺塞上的通气孔应保持畅通，以防壳体胀裂。

（2）蓄电池电解液液面的检测。液面高度应保持正常。电解液液面应保持在上液面线（或“max”或“UPPER LEVEL”）与下液面线（或“min”或“LOWER LEVEL”）之间，如图 4—2 所示。如壳体上无液面线或标记消失，可用孔径约为 5 mm 的玻璃管检查，方法如图 4—3 所示。液面应高出隔板或护网 10～15 mm。液面过高容易溢出，液面过低容易产生极板硫化故障。当电解液量不足时，应补充蒸馏水。除确知液面降低是由于电解液溅出所致外，不允许补充硫酸溶液。这是因为电解液液面降低是因电解液中水的电解和蒸发所致。

图 4—2　蓄电池液面线标记

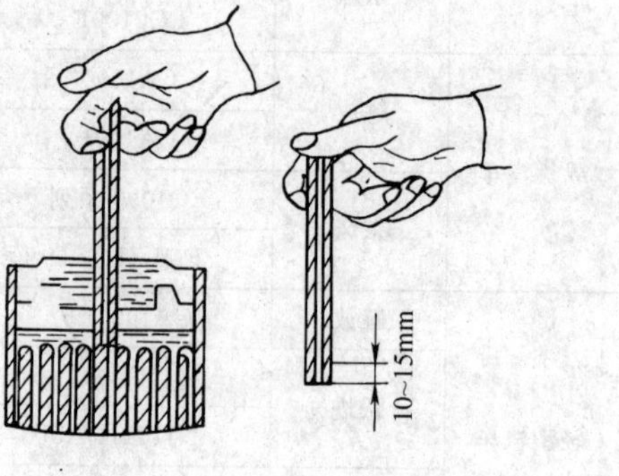

图 4—3　检查液面高度

（3）蓄电池电解液密度的检测。蓄电池电解液的密度可使用吸式密度计或电解液检测仪检测。用吸式密度计检测电解液密度的方法如图 4—4 所示。检测时，先用拇指适当压下橡皮囊，再将密度计的橡皮吸管插入电解液中，然后慢慢放松拇指，使电解液吸入玻璃管中，吸入多少以使管中浮子浮起为准，此时液面所在浮子的刻度即为电解液密度值。

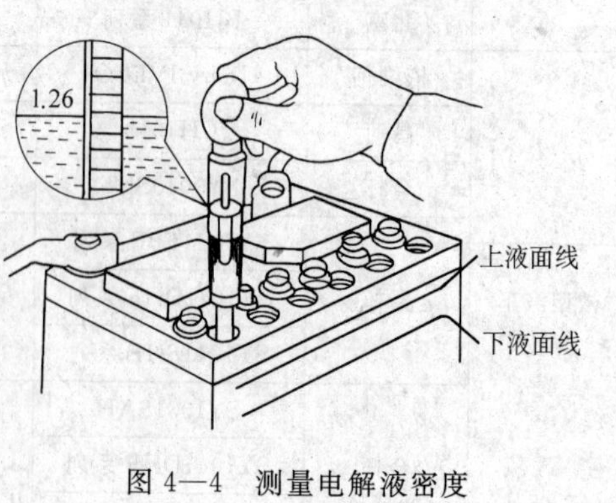

图 4—4　测量电解液密度

在测量电解液密度时，必须同时测量电解

液温度，以便将测得的密度值换算到25℃进行修正。在大电流放电或加注蒸馏水后，由于电解液尚未混合均匀，因此，不能立即测量密度。一般需等30 min后方可测量。电解液的密度是指电解液中硫酸成分所占的量。实测密度应换算成25℃时的密度，即25℃时的密度＝实测密度＋（实际温度－25）×0.000 7（0.000 7为密度温度系数，单位为g/cm³）。

如蓄电池电解液的密度小于1.030（20℃时），可能是产生了硫酸盐化作用，推荐通过重新充电进行电量检查。此外，如果因电解液液面在很短时间内下降而不能测量蓄电池电解液密度，就可能是充电系统已经损坏，因而汽车的电气系统也需要进行检查。

（4）重新充电时的检验。根据充电检查情况，充电前，应用蒸馏水补充蓄电池电解液使其液面达到最佳位置，然后用蓄电池容量的1/10电流充电，直至蓄电池电量充满为止。蓄电池工作情况的变化会指示检查重新充电的数据。

1）电压检验

①在充电开始时，蓄电池电压不会极快升高，电流不会流入电池的现象常见于电池内出现硫酸盐化作用时。在此状态下，当输入的电压高于18 V（3 V/蓄电池单元）时电流才开始流通。如进行充分的充电，也能再次使用，但电池的使用寿命不长。

②在充电最后状态时的电压会高于15 V（2.5 V/蓄电池单元），通常认为正常。如检测到的电压低于14.4 V（2.4 V/蓄电池单元），则蓄电池已不能适当使用，可能已变质。

2）蓄电池电解液密度的检验

①蓄电池完全充电后，如蓄电池的电解液密度不大于1.240（20℃时），应怀疑是极板（正极板及负极板）发生硫酸盐化作用或短路现象。

②在充电最后阶段，如各个蓄电池单元的电解液密度差大于0.04或某个蓄电池单元的电解液密度值明显较低，应怀疑发生了短路或有电解液泄漏现象。

③在充电时，如电解液温度急剧升高，则是因为活性金属脱落，在极板的下部分出现短路现象。此情况在蓄电池使用寿命将终结时可观察到。

④充电结束时若产生很少气泡，可能在蓄电池内部出现短路现象。

（5）放电试验。蓄电池的放电速度很快，可以在5 s后从所指示的电压加以判断，还可以在放电终点电压时，从连续放电的时间上加以判断。放电试验的方法见表4—4。

表4—4　　放电试验的方法

放电前蓄电池状态	完全充电状态
放电电流	放电电流大约大于蓄电池容量的4倍（例如，如果蓄电池的容量为50 A·h，放电电流大约为200 A）
放电终点电压	每个蓄电池单元1 V
蓄电池温度	正常温度
测量值	5 s之后的电压以及每个蓄电池单元到达1 V时的连续放电时间 5 s之后的电压高于9 V：很好 连续放电时间大于2 min：很好

4.1.2 蓄电池的维护

1. 蓄电池的拆装

（1）拆卸前的注意事项。更换旧蓄电池之前，注意蓄电池正负极的正确连接，记住蓄电池的正确连接位置。通常蓄电池的正负极性符号都在电池表面做了标记，或者比较正负极的尺寸大小，可以容易区分正负极，尺寸较大的一极为正极（+），尺寸较小的一极为负极（-）。

（2）正确拆卸。从汽车上拆卸蓄电池时，先将点火开关置于“断开”位置，然后拆开蓄电池固定架和正、负极电缆固定夹，再拧松正、负极柱上的电缆接头固紧螺栓并取下电缆（注意：拆卸蓄电池时，应先拆卸负极电缆，后拆卸正极电缆。因为如先拆卸正极电缆，扳手万一搭铁就会导致蓄电池短路放电），最后从汽车上取下蓄电池。

（3）安装前的注意事项。用新蓄电池更换旧蓄电池之前，由于泄漏的硫酸会造成接线腐蚀现象，可采用铁丝刷或砂纸清理干净，蓄电池周围的金属零件腐蚀现象可用热水清洗干净。零件清洗干净后，涂上一些酸液溶剂，再安装新蓄电池。如上述金属零件已严重腐蚀，则应更换零件。注意只能将已充电的蓄电池装在汽车上。

（4）安装的步骤

1）将蓄电池安装到汽车上时，首先检查蓄电池型号、规格是否符合该型汽车使用要求。

2）检查电解液的液面及电解液的密度是否符合技术要求。电解液的密度应为1.260±0.01（20℃时），如电解液的密度未能满足该标准值，则需补充蒸馏水或将蓄电池重新充电，然后再将其装入汽车内。

3）根据正、负极柱和正、负电缆端子的相对位置将蓄电池安放到固定架上，再将正、负电缆端子分别与正、负极柱连接。（注意：安装蓄电池时，应先连接正极电缆，后连接负极电缆。因为如先连接负极电缆，那么在连接正极电缆时，扳手万一搭铁就会导致蓄电池短路放电。）

4）在极性端子用的螺钉上涂一些润滑脂或凡士林，以防极柱和端子氧化腐蚀。

5）安装压板，拧紧固定架紧固螺栓，以防汽车行驶时振动受损。

（5）安装时的注意事项

1）务必将蓄电池装于适当位置上。

2）固定蓄电池金属零件时不得使用过大的力矩，否则会使电气零件弯曲，造成电池损坏。如金属零件固定不当，行车时就会产生振动，因而造成蓄电池电极损坏，缩短蓄电池使用寿命。

3）连接蓄电池时极性必须正确。如蓄电池的极性端子连接有错，会造成电气零件损坏，如二极管短路、分电器及发电机过电流而烧坏电气零件等。

4）蓄电池接线长度应按规定要求连接，否则电池盖会扭曲、变形、开裂，因而造成电解液泄漏。

5）必须避免蓄电池接线与金属零件之间产生短路现象。

2. 蓄电池的充电

蓄电池是一种能量转换装置，为使其保持供电和延长其使用寿命，必须对其进行充电。

将充电电源的电能转换为蓄电池化学能的过程称为充电。蓄电池使用的是直流电，为了将直流电接入蓄电池进行充电，汽车用蓄电池使用的充电方法，根据充电设备的电流或电压调整方法可分为恒定电压充电法、对应电压充电法、分级电流充电法、改进恒流充电法和恒电流恒电压充电法5种。

（1）恒定电压充电法。蓄电池在汽车上由发电机对其充电的方法就属于恒压充电，其充电电压由充电系统的电压调节器控制。在充电时给蓄电池加上恒定的电压，通常每个蓄电池单元所获得的电压为2.3～2.4 V，开始充电时有很大的电流流入，随着充电的进行，电流变小，因在开始阶段流入很大的电流，为避免产生气泡，需要使用高容量的充电设备。通常不推荐这种恒定电压充电方法。此外，为了调节电解液的密度，需要通过产生气体来搅拌混合电解液。恒定电流充电方法必须与这种充电方法结合使用。

（2）对应电压充电法。由于电源电压是恒定的（2.5～2.8 V/蓄电池单元），通过变更恒定电压充电方法，按串联方式接入一个电源，或者在电源变换侧装入一个轭流线圈，将电压再加在蓄电池端子处。在开始充电时，电流即受到限制，目前这种方法应用很广泛。

（3）分级电流充电法。在充电过程中，充电电流按2级或3级加于蓄电池上，此分级电流充电法是从恒定电流充电演变而来的。大多数情况下，一开始加于蓄电池上的电流通常为蓄电池容量的1/3，而最后的充电电流则低于蓄电池容量的1/10，这种分级电流充电方法可以节约充电时间，如充电不按照分级充电方法去做，超越了分级电流，蓄电池的温度就会太高，因而损害蓄电池的使用寿命。

（4）改进恒流充电法。在充电过程中，充电电流恒定不变的充电，称为恒流充电。改进恒流充电法又叫两阶段恒流充电法。在充电的第一阶段，用较大电流进行恒流充电，当单格电池电压充到2.4 V左右，电解液中开始产生气泡时，将充电电流调小一半进入第二阶段恒流充电，直到蓄电池完全充足电为止。改进恒流充电法的充电特性曲线如图4—5所示，其优点是第二阶段充电电流较小，既可减少活性物质脱落，又能保证蓄电池彻底充足电。因此，在充电间充电广泛采用改进恒流充电法。改进恒流充电法的缺点是充电电流需要经常调节。

在实际充电中广泛采用改进恒流充电法进行充电。因为当蓄电池单元的充电电压达到2.4 V时，蓄电池已基本充足，活性物质二氧化铅和铅已基本还原，电解液中开始产生气泡说明部分充电电流已开始电解水。此时若不减小充电电流，则电解水的电流就会随着充电时间的延长而增大，这样不仅浪费电能，而且产生的大量气泡会将极板上的活性物质冲掉，使蓄电池容量降低，寿命缩短。所以在实际充电中广泛采用两阶段充电法，当充电电压达到 2.4 V 时，就将充电电流调小一半，转入第二阶段充电。

(5) 恒电流恒电压充电法。电压增加到某一值（2.4～2.5 V）之前，蓄电池通过恒电流进行充电，然后按某一恒定电压继续充电。

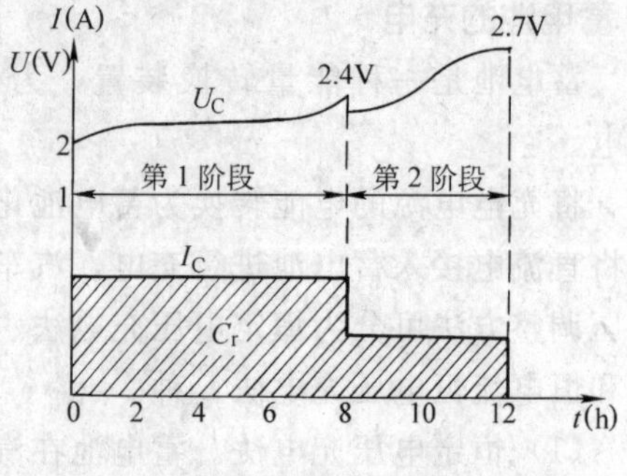

图 4—5　改进恒流充电特性曲线

(6) 蓄电池需要补充充电的情况。蓄电池的充电工艺分为初充电、补充充电两种。对新蓄电池或更换极板后的蓄电池进行的首次充电，称为初充电。对使用后的蓄电池进行的各次充电，称为补充充电。为了防止汽车使用的蓄电池产生硫化故障，每隔两个月应进行一次补充充电。使用中的蓄电池，出现下列供电能力不足的现象之一时，必须及时补充充电。

1) 启动无力（并非机械故障所致）时。

2) 前照灯灯光暗淡，表示电力不足时。

3) 电解液密度降到 1.20 g/cm³ 以下时。

4) 冬季放电程度超过 25%，夏季放电程度超过 50%时。

现代汽车普遍采用干荷电与免维护蓄电池，这些新蓄电池加足电解液后无须充电即可使用，只要在使用中进行补充充电。

3. 蓄电池电解液液面的调整

在蓄电池电解液缺少的情况下，极板（正、负极板）和隔离板就会暴露在空气中，会造成硫酸盐化作用使极板及隔离板变质。此外，电解液过多，则会造成汽车及有关功能设备的损坏。故此，蓄电池的电解液要维持在所推荐的使用液面处，因为在充电及放电时会产生气体，温度也较高，这会使电解液面回到准确的使用液面处，因此，实际的电解液液面可比推荐的液面稍低一些。若忽视蓄电池自身放电使内部产生的气体，电解液的液面就会高于所推荐的液面，为了调整电解液液面，推荐使用以下方法：

(1) 用稀释的硫酸调整电解液液面。通常情况下，稀释后的硫酸不用于日常的电解液液面调整，但下列情况下推荐使用限量经稀释的硫酸：

1) 在蓄电池充电的开始状态下，调整电解液液面。

2) 由于泄漏问题，即使蓄电池完全充电，电解液的密度仍然未达到推荐的电解液密度时，调整电解液液面。

(2) 用蒸馏水（加水）调整电解液液面。在充电结束时会产生气体（水的电解），蓄电池电解液会减少，这是由于水的蒸发导致的电解液液面下降。

观察电解液液面的目的是检查其合适的液面高度，以防止极板暴露于空气中。因此，有必要补充蒸馏水使之达到推荐的液面处。蒸馏水应在蓄电池充电之前添加。添加后立即给蓄电池充电，电解质就会因反复吸收或排出产生的气体而搅拌得很均匀。

（3）注意低温对电解液的影响。冬季电解液密度不能过低，以免结冰而冻裂蓄电池。电解液密度与冻结温度的关系见表4—5。冬季补加蒸馏水应在充电时进行，使蒸馏水与电解液迅速混合而不致结冰。

表4—5　　电解液密度与冻结温度的关系

25℃时电解液密度（g/cm^3）	冻结温度（℃）	25℃时电解液密度（g/cm^3）	冻结温度（℃）
1.10	−7	1.25	−50
1.15	−14	1.30	−66
1.20	−25	1.31	−70

4.1.3　蓄电池的常见故障

1. 蓄电池的一般故障

通常情况下，蓄电池不会立刻损坏，蓄电池损坏一般是因维护或保养不当而造成的，蓄电池通常的故障、原因及状况见表4—6。

表4—6　　蓄电池通常的故障、原因及状况

故障	故障原因	故障状况
过分充电或过大电流充电	充电已超过必要的时间。充电时使用了过大的电流，由于水的电解速度增高及蓄电池正极（阳极）氧化严重以及电解液液面提高，尤其是在充电期间长期使用过大电流的情况下，电解液温度太高	电解液液面迅速下降
		如果电解液液面太高，蓄电池隔离板及极板将迅速损坏
		蓄电池阳极氧化造成蓄电池寿命缩短
		如升温过于激烈，蓄电池外壳、盖子及盖帽会发生变形
充电不足	放电速度与充电速度之比不正常会发生这一故障，一般说，充电速度与放电速度之比大约为1.2。电解液的密度太低可能是蓄电池使用时间过长、调整器的电压太低、运转条件或汽车过负荷所致，尤其是放电条件会使蓄电池极板上产生白色硬质点，这被称为硫酸盐化作用，这种情况会缩短蓄电池的使用寿命	起动电动机的转速太低，因而不能起动发动机
		极端情况下会出现硫酸盐化作用反应，因而蓄电池不能通过重新充电而得以恢复
		在寒冷的天气时，电解液密度低，造成电解液结冰导致蓄电池失效
电解液液面太高	蒸馏水加得过多，超过了上液位线或者电解质太少时，加过多的水引起蓄电池故障	蒸馏水加得太多，就会使电解液从蓄电池帽盖上的排气孔溢流出来
安装错误	蓄电池未装在正确位置上及其极性端子没有完全固定好，就可能造成蓄电池的本体受到损坏	蓄电池外壳破裂
		蓄电池单元损坏
		因电火花引起爆炸

续表

故障	故障原因	故障状况
其他	蓄电池帽盖上的排气孔被堵塞，在充电时内部形成的氢气压力提高，蓄电池外壳就可能发生爆炸	
	电解液结冰	
	除了汽车使用外，用于其他操作目的	

2. 蓄电池损坏原因及处理

（1）蓄电池的内部损坏及原因（见表 4—7）

表 4—7　　蓄电池的内部损坏及原因

区域	状　况	说　明	原　因
蓄电池极板	硫酸盐化作用（铅硫酸盐化作用形成白色盐质）	极板是淡白色 电解液的密度太低 放电时的电压太低 充电时的电压太高 尽管蓄电池已完全充电但仍然不能恢复	过度放电 蓄电池长时间存放（在存放期间没有充过电） 不能通过汽车发动机充电 没有电解液
	负极板收缩（阴极）	电容量不适当	过度放电 长期存放 不能通过汽车发动机充电
	正极板腐蚀	内部正极板变黑并严重腐蚀 隔离板炭化	过度放电 电解液密度太高 在高温条件下充电 受污物污染（例如受到盐酸、海水、有机酸等污染）
	蓄电池单元内的活性物质不良	寿命期满	过度放电，过度充电，反向充电 电解液的密度太高 蓄电池充电时加上过大的电流 受到振动的影响
	短路	蓄电池电压和电解液密度太低（与其他电池单元比较） 充电后，电解液密度迅速下降	电极板变形造成正极板与负极板互相接触，因而产生短路现象 在极板上部及下部沉积有污物，引起短路
隔离板	隔离板炭化	隔离板是黑色而且变脆 在所有极板上同时出现腐蚀现象	过度充电 电解液密度太高 在高温下充电及放电

续表

区域	状况	说明	原因
极性端子	极性端子发生腐蚀并损坏		端子上沉积污物（盐酸、海水、有机酸等） 放电过负荷 极性端子有缺陷

（2）蓄电池的损坏情况及处理方法（见表4—8）

表4—8　　蓄电池的损坏情况及处理方法

项目	状况	可能的原因	处理办法
电解液密度	所有蓄电池单元内的电解液密度都很低	不适当充电（充电系统有缺陷、行车路程较少，不良的交通条件） 过度放电（过负荷、发电机效率差） 电解液泄漏（清洁不当、加水过多而溢流）	重新充电 清洁
	在一定的蓄电池单元内的电解液密度太低	在有关的蓄电池单元内电解液不合适 蓄电池内短路（自身放电）	更新蓄电池单元或调整蓄电池单元状况
	电解液密度太高	加入硫酸而不是加水 电解液液面太低（过度充电，加水太少）	调整电解液密度
	未识别的原因：没有电解液；电解液密度太低	过度充电 加水不当 蓄电池未处于其适当的位置上，造成电解液溢流 过度放电 电解液量不够 加水过多	重新充电 加水 调整电解液的密度
	电解液的密度适当，但不能放电	蓄电池极性端子连接不当 导线损坏 起动故障	换用新的蓄电池
蓄电池外壳、帽盖	损坏、开裂或泄漏	破裂、脱落或安装不当（太松、太紧） 蓄电池支架不合适 粘有汽油、润滑油、润滑脂或溶剂 蓄电池盖帽损坏（熔化、移位） 排气孔堵塞 冒火花	换用新的蓄电池

续表

项目	状　况	可能的原因	处理办法
蓄电池外壳、帽盖	变形	充电时电流过大引起电解液温度过高 调整器的设定电压过高 蓄电池周围的温度太高（从发电机处传来的热幅射所致） 蓄电池安装位置太高	换用新的蓄电池、进行调整 清洁 换用新的蓄电池
蓄电池极性端子	腐蚀	电解液溢流 电解液泄漏	修理或换用新的蓄电池
	熔化	因短路造成过热及冒火花 过热、连接不当、接头腐蚀 在放电时过电流	修理或换用新的蓄电池
	损坏	维护处理不当	修理或换用新的蓄电池
试验器部位	绿色、黄色或红色	电池端子连接不当（蓄电池处于正常状态） 蓄电池放电，线卡连接不当（重新检查） 严重损坏，电池寿命到期	重新充电试验或换用新的蓄电池

3. 安全处理

(1) 电解液的处理

1）必须具体指定保存电解液（硫酸）的负责人。

2）加酸时必须戴好手套，避免身体与酸液直接接触，尤其是打开酸液包装瓶时，脸部不得靠近。

3）酸液使用后，应将剩下的酸液保存在密封的容器内，将剩余的酸液舍弃之前，应用碳酸氢钠或熟石灰中和后再废弃。

(2) 防止爆炸

1）务必要注意氢气的浓度不得超过会发生爆炸的浓度（47.5%浓度的氢气就会爆炸），注意防火，现场必须通风良好。

2）如蓄电池需要检查拆卸，在根据规定的时间检查修理汽车时务必注意仪表及线夹不得产生火花。放松蓄电池端子时，必须先将地线接好。如要将蓄电池的端子重新接上，必须在其他检查修理工作完成之后才能连接，同时注意是否有松脱现象。

3）充电时会产生气体，务必注意不得让气体散布出来，电解液帽不能松脱。此外，在将线夹接入充电机的端子上时，必须将充电机的开关断开，不得有漏电现象。

(3) 废弃蓄电池的处理

1）有时废弃的蓄电池单元内还存有一些电能，如处理不当会引发火花或火灾，亦需防止发生爆炸现象。

2）蓄电池处理不当会造成蓄电池外壳开裂、损坏，电解液发生泄漏现象会给周围区域带来损害。注意电解液的处理，不得让电解液从容器内飞溅或泄漏出来。

3）在废弃的蓄电池上应加上警示标签，应经常配备新蓄电池以备用，但要注意防止小孩接近。

4）仓库负责人、汽车维修站及汽油站的负责人应经常提醒用户注意处理废弃的蓄电池，将其收好然后送到工业废物处理处由有经验的专门人员进行处理。

（4）应急措施

1）局部皮肤或双手如不慎粘上电解液（酸），必须立即用大量清水冲洗。

2）电解液如不慎溅到眼睛上，必须立即用大量清水冲洗。

3）如不慎喝入电解液，必须立即用大量清水漱口，然后喝入牛奶及蛋白混合液或喝入大量的水，再进行休息。

4）如衣服上粘上电解液，必须立即将衣服脱掉，并用清水冲洗，再用适当的碱性肥皂进行中和。

5）如电解液流入或溅到周围的地面上，在某些情况下，要通知有关卫生部门（或保健中心等）进行处理。

4.2 机油检查与更换

4.2.1 机油的选用

1. 机油的简单知识

机动车使用的机油主体为润滑油，主要作用是对接触部件进行润滑、冷却、清洗和密封。油膜是润滑油固有的特性，油膜的厚薄一般用黏度来表示。

（1）黏度的定义。黏度是流体的内部阻力，润滑油黏度即通常所说的油的厚薄。黏度大则说明油厚，黏度小则表示油薄。因此，正确的黏度是使发动机保持正常运转的最重要因素。油太厚，则黏度大，机油无法快速流动，车子在起动时零部件会因暂时缺油而造成磨损；油太薄，则因润滑不足而加速机件的磨损。

（2）黏度的单位。黏度常用的单位是厘斯，黏度通常以国际标准在40℃时的数值表示。

（3）黏温关系。黏度和温度存在着一定的关系，一般称为黏温关系。黏温关系的含义是：机油的黏度随着温度的上升而减小，温度下降后黏度增大，而且在坐标图上呈直线变化，如图4—6所示。这样理论上夏天用厚些的油，冬天再改换薄些的油，但操作起来比较麻烦，因此，用户希望使用黏度随气温变化而变动不大的机油。

一般把机油黏度随温度变化而改变的程度称为黏度指数。随着温度变化黏度变化大的机油其黏度指数较小，而随温度变化黏度变化小的机油则有较高的黏度指数。因此，在选择机油时应选择具有高黏度指数的机油，以减小温度变化对机油黏度造成的影响。

(4) 黏度的级别标识。如图 4—6 所示，机油的黏度多使用 SAE（美国汽车工程师学会）级别标识，例如 SAE5W－40 或 SAE15W－40，“W”表示 winter（冬季），其前面的数字越小说明机油的黏度越低，流动性越好，在冷启动时对发动机的保护能力越好，“W”后面的数字则是机油耐高温性的指标，数值越大说明机油在高温下的保护性能越好。较高黏度的机油对运动系的阻力也相对较高，不但耗费功率、增加油耗，而且机油容易氧化，影响冷启动的保护。

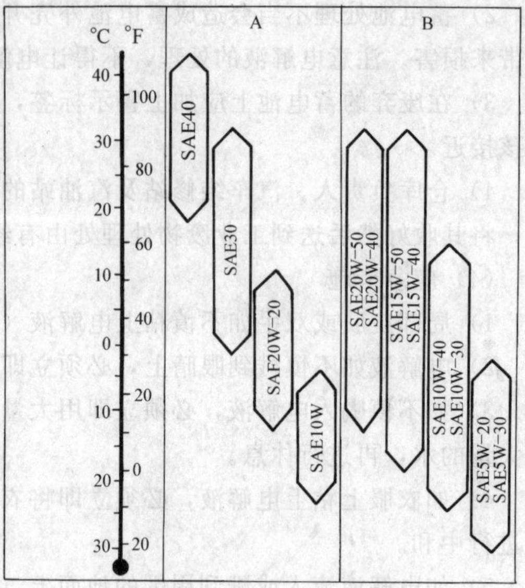

图 4—6　机油黏度与温度的关系

API（美国石油学会）等级代表发动机机油质量的分类。采用简单的代码来描述发动机机油的工作能力。API 用“S”表示汽油（我国用“Q”表示汽油，“C”表示柴油），随后的英文字母表示机油级别，从“SA”一直到“SL”，字母越靠后，质量等级越高。每递增一个字母，机油的性能都会优于前一种，机油中会有更多用来保护发动机的添加剂。常用的有“C”“D”和“F”等级别，例如“API CD”就表示“API”标准中用于柴油机的“D”级机油。

(5) 机油的组成和作用。一般机油都是由基础油和添加剂两部分组成。基础油大多采用矿物油，添加剂则有金属清净剂、抗氧抗腐剂、除锈剂、无灰分散剂和黏度指数改进剂等。机油添加某些具有特殊功能的化学品能改善机油的品质，不仅能减低发动机的磨损，延长机器的使用寿命，使活塞及燃烧室较为清洁，使润滑油路和细滤器上的沉积物少，而且能节约燃料，延长更换机油的使用里程，一般换油期可达 10 000 km 以上。

(6) 机油的分类。一般来说，汽油机转速高而负荷小，润滑压力低，柴油机转速低负荷大，润滑压力高，两者对机油性能的要求不同，因此，机油也视发动机的类型不同而分为两种，一种叫汽油机机油，另一种叫柴油机机油，两者不能混用。有一种既可用于汽油机又可以用于柴油机的通用型机油，其性能可满足两类发动机的机油级别的重叠值，所以也标明适用的机油级别范围，但是并不能适用于所有汽车。

2. 科学选用机油的原则

由于国内汽车的种类比较复杂，汽车生产的年份也不尽相同。因此，汽车所用的机油也不一样。加错了机油，轻者使发动机早期磨损，重者导致报废，必须为汽车选择符合要求的机油，以保障发动机的有效润滑。

(1) 根据不同车辆发动机使用环境温度的要求，选择对应的润滑油级别：豪华高档轿车可能要求用到 SL 级和 SJ 级全合成 5W/40 润滑油，中高档车要选用 SJ 级 10W/40 半合成机油，中档车可能要用 SG 级 15W/40 机油。

(2) 看该品牌和型号的润滑油是否经过国际权威的 API（美国石油学会）和 ACEA（欧洲汽车制造商协会）的认证，有国际权威认证的产品，尽可以放心选用。

(3) 考虑用油经济性。计算润滑油成本不能简单地比较每桶单价，而应该根据其耐久时间计算公里成本。

3. 正确使用机油

汽车发动机的损坏很多情况下是由于在机油使用方面出现了问题，正确使用机油，是保护好汽车的关键之一。机油的添加要掌握机油的型号、季节、气候，发动机的压缩比、排量、技术性能等诸多因素。

(1) 必须使用质量等级合适的机油，这是保证发动机正常工作的关键。

(2) 如油品供应不及时或没有合适的油品，可采用代用油品，但是在使用中必须加强观察，注意油品质量及机油滤清器是否有堵塞情况，发现问题及时处理。

(3) 要选用适当黏度的油品。按照本地气温选用合适黏度的油品，认为黏度越大越好的想法是不对的，因为黏度过大，刚起动时机油流动太慢，容易使机件磨损加剧，甚至造成烧瓦事故（因润滑油不能及时流到摩擦表面而导致干摩擦，造成金属瞬时高温相互烧熔的现象称为烧瓦事故）。

(4) 在换油时要将废油放净。

(5) 由燃烧室窜入曲轴箱的气体有腐蚀性，能使机油氧化变质并污染发动机，必须保持曲轴箱通风良好。

(6) 保持正常的油面高度。

(7) 定期检查、保养机油滤清器，及时更换滤芯。

(8) 任何质量的机油，在使用到一定的里程后，一些理化指标都会发生变化，会给发动机带来危害，产生故障，所以要根据机油的变化情况定期按质量换油。

(9) 使用稠化机油时，与同一牌号的一般机油比较，其油压稍低。因为稠化机油黏温性好，在高温时黏度较大，在低温时又有较小的黏度，在发动机正常温度范围内黏度稍低，所以压力稍低是正常现象。

(10) 使用全年通用机油或冬季使用稠化机油时，不能添加普通机油，以免影响低温起动性，在春季或改用一般机油的可逐渐添加普通机油。

4.2.2 油液检查与更换

1. 油液使用情况检查

汽车油液保养是非常重要的，因为这事关车辆的使用寿命及司乘人员的人身安全。无论是润滑油还是刹车液或者冷却液，太多或者太少都不是好现象。查看清楚可以及时补救，以免酿成大错，影响行车安全。

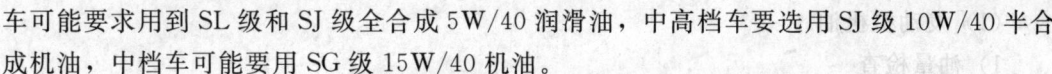

（1）发动机机油

1）油量检查

①首先把车辆停在水平地面上。

②发动机停止运转并等待 5 min 左右。

③将擦净油迹的机油尺插入机油尺导孔，再拔出查看。油位在上下刻线之间，即为合适。

④超出上刻线的，放出多余的机油；低于下刻线的，从加油口处添加。

⑤等待 5 min 后，再次检查油位。

补充机油时，应严格注意清洁并检查是否有渗漏现象。检查油位的同时，注意检查机油的污染程度。

2）质量检查。检查发动机机油质量的方法较多，此处介绍一种简便易行的方法——油迹对比法。

取两片洁净的白纸，在纸上分别滴下同种新机油和正在使用的机油各一滴，通过观察机油在纸上显示的中间黑点与新机油不同的状态进行判断。

①有较多的硬沥青质及炭粒等，表明机油滤清器的滤清作用不良，但并不说明机油变质。

②黑点较小且色较浅，周围的黄色痕迹较大，油迹的界线不很明显而且逐渐扩散的，说明机油仍可继续使用。

③黑点较大，且油是黑褐色，均匀无颗粒，黑点与周围的黄色油迹界线清晰，有明显的分界线，则说明机油已变质，应及时更换。

（2）刹车液

1）正常情况下刹车液的高度要高于最低点，但不必达到最高点。通常情况下刹车液的数量随刹车片的磨损程度要做相应变化。

2）如刹车液的高度降到最低点以下，意味着该更换刹车片了。刹车液干枯，便会导致刹车踏板下降，刹车失效。

3）刚刚更换新的刹车片不能将刹车液加得过满，因为新的刹车片较厚，会使加得过满的刹车液溢出，刹车液滴到车身漆面或底盘上会产生腐蚀现象。

4）如刹车液的减少并非由刹车片磨损所致，而是由泄漏所致，必须立即补充刹车液。

（3）转向器润滑油。一般来说，只要转向器油液位于最高点与最低点之间就无妨。也可以采用 ATFD2 型号的专用液体，注意务必使用与自动变速箱的润滑油同一类型的液体，否则有害无益。

转向器内的润滑油稍有泄漏会很明显，在发动机停止运转时就看得到。当转向器润滑油发生泄漏，有过滤作用的油泵会干枯、发热，乃至磨坏，通常会发出刺耳的声音。方向盘会变得非常沉重，虽然不影响转向的功能，但应该及时填充润滑油，直至转向器重新变得轻松自如为止。

(4) 冷却液

1) 正常情况下冷却液的高度应在最高点与最低点之间，冷却液高度的查看需等发动机停止运行，且完全冷却下来之后，因为发动机运转时冷却液的水平面会多少有些变化，不容易准确。

2) 冷却液的颜色变暗混浊，说明质量下降需更换。

3) 冷却液异常地增多，反映出发动机有潜在的问题。可先将多余的冷却液排出，使其降至最高点以下，然后要不断查看。如冷却液仍不断地升高，便要立即检查并进行修理。如冷却液的水平降到最低点以下，说明发动机缺水。

补充冷却液时，最好先用厂家所规定的同品牌产品。当然在紧急情况下也可加水。

2. 机油的更换

(1) 换油时机

1) 正常的换油时机一般为行驶里程至 7 500～12 000 km，对此各汽车生产厂家都有明确的规定，常用车型发动机机油和滤芯更换周期表见表 4—9。在更换机油时，请按厂家规定执行。

表 4—9　　常用车型发动机机油和滤芯更换周期表

车型	需更换机油里程（km）	需更换滤芯里程（km）	机油规格
桑塔纳	7 500	7 500	API SF SAE10W－30
富康	7 500	7 500	API SF SAE10W－30
捷达	7 500	7 500	API SF/ SAE10W－30

2) 如果汽车长期在负荷较重的苛刻条件下工作，机油更换的间隔时间要适当缩短。

3) 如果汽车在一年中行驶里程达不到上述里程时，应每年更换一次机油。

4) 如果使用质量较高的机油，换油间隔时间可适当延长（按机油生产厂家的建议执行）。

5) 更换发动机机油时，应尽量使用多级油，按车型要求使用合格牌号的机油。多级油添加了高分子聚合物质，除了具有一般机油的特点外，其黏度可以在一定的范围内调节，遇热变稠，遇冷变稀，这样可以减少发动机的阻力和磨损。

(2) 机油质量的适用范围

1) 尽量按照原车使用手册的要求，选用该型号车辆适用的机油，同样考虑到机油的质量等级（API 制）和机油的黏度等级（SAE 制）。

2) 尽量选用质量等级较高的机油。由于某些原因，现在许多汽车已经没有原车使用手册了，在这种情况下选用机油时，如果经济条件允许，应该尽量选用高质量等级机油。

3) 尽量选用复级机油（如 5W/30、10W/40 等）。

4) 轿车选用的机油质量等级应以不低于 SF 级为宜。最新进口的汽油轿车选用的机油应不低于 SG 级为宜。

5) 中、重型汽车，目前也应以选用 SE 级桶装机油为佳。

（3）机油黏度的适用范围。由于发动机结构和使用条件的不同，为保证低温时顺利起动和高温时的润滑性能，各种汽车推荐的机油黏度有较大差别。表 4—10 所示为部分汽车生产厂推荐的机油最低操作温度。

表 4—10　　部分汽车生产厂推荐的机油最低操作温度

SAE 黏度级号	最低操作温度（℃）
5W	−32
5W/30	−32
10W	−23
10W/40	−23
20W	−12
20W/50	−12

1）夏季应该选用黏度较大的机油（如选用 40 号或 50 号机油），冬季应选用黏度较小的机油（如 5W 号或 10W 号机油）。

2）同种型号汽车，新车时应选用黏度等级低的机油（指以满足原车使用要求为前提），随着车辆的逐渐老化，老旧车应选用黏度大些的机油。

3）通用汽车公司生产的轿车，应选用黏度低的复级机油（一般要求四季使用 5W/30 或 10W/30 机油），该公司在中国新生产的别克汽车，使用机油的质量等级为 SJ 级。

（4）更换机油。更换机油时，应起动发动机使之运转达到正常的工作温度（80℃以上），然后将发动机熄火，在热车状态下放出机油盘和滤清器内的旧机油。有些车型的机油盘放油螺塞为磁性螺塞，待机油放净后，应将放油塞吸附上的铁屑清除干净后拧上。

若有条件，更换机油时，最好使用真空换油设备，该装置可以将旧机油吸得较干净。

（5）换油时将废油放净。为延长发动机的使用寿命，在换机油时要将旧机油彻底放净，以免污染新加入的机油，导致新机油迅速变质，引起发动机腐蚀性磨损。一般情况下，在高温时放净废机油，然后加注洗涤用油（85%的普通机油和 15%的汽油混制而成），起动后高速运转达 10 min 再放净，最后重新加入洁净的新机油即可。

4.2.3　机油问题的鉴别和处理

1. 机油含水的鉴别

按规定，机油中允许的水量应在 0.03%以下。当含水量超过 0.1%时，机油的添加剂（抗氧化剂、清净分散剂等）就会失散，因而加速机油的氧化过程，而机油氧化生成的有机酸和发动机排出废气中的酸性氧化物与水发生反应，又增加了对发动机的腐蚀。机油中含有较多的水时，机油润滑性变差，黏度下降，轻则导致机油过早变质和机件生锈，重则引起发动机抱轴、烧瓦等严重机械事故。机油含水可通过以下几种方法进行鉴别：

(1) 观色法。清洁达标的机油呈蓝色半透明状。机油中有了水则呈褐色。当发动机运转一段时间后，机油呈乳白色，并伴有泡沫。

(2) 燃烧法。把铜网烧热后放入被检查的机油中，若有“噼啪”响声，说明机油中含有较多的水，也可将检查的机油注入试管中加热，当温度接近80～100℃时，试管中产生“噼啪”声，则证明机油中含有较多的水。

(3) 放水法。发动机停机后，让发动机静止30 min左右，松开放油螺塞，如有水放出来，则说明机油中含有较多的水。

2. 发动机机油变黑的原因

机油变黑不一定是机油变质。质量差或劣质的机油抗氧化、抗高温能力差，使用后不久会出现机油变黑变质，而好机油中有一种清净分散剂，能清洗分散发动机内部以前存在的胶质、漆膜、积炭等悬浮物，悬浮物掺入新机油中，使新机油更容易变成黑色。发动机机油变黑的一般原因如下：

(1) 与所用燃料有关，对于柴油机，因柴油不完全燃烧产生的大量炭粒悬浮于机油中使机油呈黑色。

(2) 燃料中烯烃含量越高，硫含量越高，越容易形成油泥，而在换机油时不清洗发动机内部及油底壳，以前所用机油中的油泥沉积在油底壳和发动机内部，加入新机油后由于新机油中的清净分散剂的作用，使发动机内部的一些油泥、积炭、胶质等分散于新机油中使之呈黑色。

(3) 发动机高温引起机油氧化变成胶质状后，由于新机油中的清净分散剂的作用使之悬浮于机油中呈黑色。

(4) 还与机油滤芯、空气滤芯的质量及更换周期有关，如果空气滤芯质量差或更换不及时，灰尘和杂质进入气缸黏附在缸壁上再混入机油中污染机油，也可使机油变成黑色。

3. 机油变质的原因及延缓变质的措施

(1) 机油变质的原因（见表4—11）

表4—11　　机油变质的原因

现　象	原　因
机油品质差	在发动机正常温度、压力情况下，早期变质、结胶
机油高温氧化	汽缸、活塞、活塞环磨损严重，间隙过大或活塞环“对口”，使高温气体窜入曲轴箱，使机油氧化生成胶质和炭渣
机油酸化	部分燃油燃烧后变成蒸汽，其中有些元素的氧化物变成腐蚀性很强的酸类，使机油酸化
机油稀释	燃烧室内废气和未燃尽的油气泄入曲轴箱。过浓的混合气在燃烧室壁上凝结，冲刷缸壁后流入曲轴箱。曲轴箱通风不畅或汽缸烧毁等使汽油和水混入机油，将使机油黏度显著降低变质，失去润滑性能
机油脏污	空气中的灰砂、杂质，机件磨损下来的金属和燃烧后的炭渣等机械杂质混入机油
机油滤清器滤清效果不好	

（2）延缓机油变质的措施

1）把好清洁关

①防止脏物杂质进入润滑系。

②定期更换机油滤清器。

③彻底清洗润滑系，定期更换机油。

④检查机油中是否混入水分。

2）避免发动机过热

①曲轴箱通风装置应保持良好，定期清洗通风管、通风阀。

②保持机油温度在70～80℃。

③适时打开机油散热器开关。

④保持正常的机油油面高度。

3）防止上窜下漏

①及时检修，保持良好的密封作用。防止机油窜入燃烧室。

②防止燃烧气体、汽油、水泄漏入曲轴箱，加速机油变质。

另外，适时使用润滑系保护添加剂，可防止机油高温氧化、酸蚀、黏度降低、油泥和胶质的形成，可有效地抑制机油的变质。

4. 机油消耗过多的故障排除（见表4—12）

表4—12　　机油消耗过多的故障排除

故障原因	故障排除
发动机各润滑油的密封面和油封损坏、老化或密封不严，造成机油渗漏	从发动机外部观察，发现漏油处可通过紧固密封垫和更换损坏件排除
气门导管与气门杆间隙过大或气门导管断裂，使机油吸入进气道而进入燃烧室被烧掉，排气管冒蓝烟	发动机加大油门时，排气管冒蓝烟，而机油加油口处不冒烟则多数是由气门导管间隙过大或气门油封损坏引起烧机油，应更换气门导管和气门油封
气门油封失效，使机油进入燃烧室燃烧，排气管冒蓝烟	
活塞环与气缸壁间隙过大，活塞环断裂或粘结在环槽内，都会引起排气管冒蓝烟烧机油故障	排气管冒蓝烟同时加机油口处也大量冒烟，发动机动力不足，则多为气缸与活塞间隙过大，活塞环磨损或活塞环断裂、粘结所引起，应及时更换
曲轴箱通风阀粘结或堵塞，使过多的机油蒸气通过通风管进入进气管	如空气滤清器和进气道中有机油，应清洗或更换曲轴箱通风阀

5. 机油压力过低的故障排除（见表 4—13）

表 4—13　　　　机油压力过低的故障排除

故障原因	故障排除
润滑油不足	检查油面和机油黏度是否符合要求
选用的机油黏度过小或有水分和汽油混入	
机油压力传感器或机油压力表损坏	检查机油压力表是否良好，拆下机油压力传感器上的导线使之与缸体相碰搭铁，打开点火开关，机油压力表指针急速上升，则说明压力表完好；若指针不动，则压力表有故障，应更换
杂质卡在限压阀门上造成密封不良或限压阀弹簧失效造成限压阀失灵	
曲轴主轴承或连杆轴承间隙过大	若压力表正常，检查机油压力传感器。将传感器拆下，起动发动机，如从主油道喷出有力无气的机油，说明传感器有故障。喷出的压力很低，是油路有故障
润滑油油管接头漏油或进入空气	检修限压阀是否弹簧过软或不密封，必要时更换
机油泵进油管网堵塞或机油集滤器堵塞	若上述均良好，拆下油底壳，检查机油集滤器是否堵塞
机油滤清器堵塞，而旁通阀打开压力又过高或卡死，使机油不能流入主油道	如果集滤器未堵塞，检查机油泵是否磨损严重。同时检查和拧紧曲轴主轴承和连杆轴承螺栓，消除过大的间隙

机油压力过低的表现为：

（1）发动机运转时机油压力始终过低，机油表上反映在“0”位或在较低的危险区域内。

（2）发动机发动后，机油压力很快降低。

6. 机油压力过高的故障排除（见表 4—14）

表 4—14　　　　机油压力过高的故障排除

故障原因	故障排除
选用机油的黏度过大或油面过高	正确选用机油黏度和品质
润滑油主油道有污物堵塞	用润滑系强力清洗剂清洗润滑系及油道
主轴承和连杆轴承间隙过小	检查限压阀弹簧是否过硬，检修主轴承和连杆轴承的装配间隙
机油压力表或传感器失灵	接通点火开关，机油表即有压力指示，则应检查机油压力表和传感器是否完好
机油泵限压阀弹簧调整压力过大或限压阀卡阻	

机油压力过高的表现为：

（1）冷车起动时，机油表指示 0.5 MPa 以上。

（2）接通点火开关，机油表即有表示，发动后增至 0.5 MPa 以上。

4.3　滤清器的维护

汽车的使用寿命很大程度上取决于其心脏——发动机的寿命。过载、高速行驶、起动和停车的不良驾驶习惯等都有可能导致降低发动机的性能和缩短其寿命，但是对发动机性能和寿命危害最大的应是脏和污染，这是发动机的第一杀手。滤清器是避免脏和污染的唯一方法。因此，从某种意义上讲，作为汽车 60 种关键零部件之一的滤清器是汽车发动机的保护神。

自发动机问世以来，人们就从实践中逐渐认识到发动机必须要有过滤装置，如果不装滤清器，发动机的磨损将会异乎寻常地快。尤其是现代高速发动机磨损更快。随着发动机技术的进步，对滤清器的要求越来越高。滤清器对发动机性能和寿命的重要性也越来越为人们所认识，许多汽车工程师都认为现代发动机之所以有较长的寿命，其主要原因之一就是具有有效的过滤系统。

发动机滤清器的种类有空气、机油、燃油滤清器 3 种，一般称为“三滤”。它们分别担负着发动机进气系统、润滑系统和燃烧系统中介质的过滤。

4.3.1　空气滤清器的维护

1. 空气滤清器介绍

空气滤清器位于发动机进气系统中，是由一个或几个清洁空气的过滤器部件组成的总成。其主要作用是滤除将要进入汽缸的空气中的有害杂质，以减少汽缸、活塞、活塞环、气门及气门座的磨损。试验表明，不带空气滤清装置的发动机，其缸套、活塞等零件的磨损速度将提高 20～30 倍。目前发动机上使用的空气滤清器可分为惯性式、过滤式、综合式 3 种，其中根据滤芯材料是否浸油又可分为干式和湿式两类。

（1）干式空气滤清器。干式空气滤清器是通过一个干式滤芯（如纸滤芯）将空气中的杂质分离出来的滤清器。轻型车（含轿车、微型车）所用的空气滤清器一般为单级。其形状有扁圆或椭圆及平板式。过滤材料为滤纸或非织造布。滤芯端盖有金属或聚氨酯制成的，外壳材料为金属或塑料。在额定空气体积流量下，滤芯的原始滤清效率应不低于 99.5%。重型车由于工作环境恶劣，其空气滤清器必须是多级的。第一级为旋流式预滤器（如叶片环、旋流管等），用于滤除粗大颗粒杂质，过滤效率在 80%以上，第二级细滤器是微孔纸滤芯（一般称为主滤芯），其过滤效率达 99.5%以上。主滤芯之后还有一个安全滤芯，其作用是在安装和更换主滤芯时，或在主滤芯偶然损坏时防止灰尘进入发动机。安全滤芯的材料多为非织造布，也有使用滤纸的。

（2）湿式空气滤清器。湿式空气滤清器包括油浸式和油浴式两种。

1）油浸式。油浸式是通过一个油浸过的滤芯，将空气中的杂质分离出来，其滤芯材料有金属丝织物制成的，也有发泡材料制成的。

2）油浴式。油浴式是将吸进的含尘空气导入油池而被除去大部分灰尘，再在带油雾的空气向上流经一个由金属丝绕成的滤芯时做进一步过滤，油滴和被拦住的灰尘一起返回到油池。油浴式空气滤清器现在一般用于农业机械和船用动力机械。

2. 保持空气滤清器的清洁

空气滤清器过脏会阻碍新鲜空气进入汽缸，从而影响空气和汽油的混合比。根据试验，完全燃烧1 g的汽油，约需要15 g的空气。如果进入汽缸的空气不足，混合气就不能完全燃烧，因而浪费汽油，发动机功率不足，而且排出废气中HC和CO成分较多，污染环境。

空气中不可避免地含有尘土等杂质，其含量随着当地的土壤、气候和道路等情况的差异而有所不同。根据试验，当汽车在多尘的土路上行驶时，空气滤清器每吸进1 m^3 的空气约可滤出0.4～1.8 g尘土。这些尘土中，就其化学成分来说，多数是二氧化硅。当尘土进入摩擦表面时，就会刺破润滑油膜，加剧发动机气缸的磨损，缩短发动机的使用寿命。

现代汽车多采用纸质空气滤清器，纸质滤芯滤清效率高，灰尘的透过率仅有0.1%～0.3%。使用纸质空气滤清器能减轻汽缸和活塞的磨损，延长发动机使用寿命。使用保养时应注意以下几点：

（1）掌握纸质滤芯的特点和清洁方法。这种滤芯采用微孔滤纸，表面经过处理。在发动机工作时，空气通过微孔将灰尘滤去，保证有清洁的空气进入汽缸。在使用中，滤芯周围会黏附着一层灰尘，清洁时不能用水或油，以防止油水浸染滤芯。常用的清洁方法有两种。

1）轻拍法。轻拍法即将滤芯从壳中取出，轻轻拍打纸质滤芯端面使灰尘脱落，不得敲打滤芯外表面，防止损坏滤芯。

2）吹洗法。吹洗法即用压缩空气从滤芯内部向外吹，将灰尘吹净。为防止损坏滤纸，压缩空气压力不能超过0.3 MPa。

（2）定期清洁和更换滤芯。在使用中应按汽车保养规定，经常清洁空气滤清器滤芯，以免因滤芯上黏附过多灰尘而增大进气阻力，降低发动机功率，增加耗油量。如滤芯破损应及时更换。

（3）正确安装，防止空气不经过滤进入汽缸。在检查保养空气滤清器时，滤芯上的密封垫必须确实安装好。如密封垫已老化变形或断裂，应更换新品。

（4）更换新滤芯时，应选用原厂供应的滤芯，不要使用劣质滤芯。一般可以从包装和外观上识别优质与劣质滤芯，也可以安装后检验，如装上新滤芯后，汽车排放的CO超标，不装滤芯时排放的CO达标，表示该滤芯透气性差，是不合格的滤芯。

3. 空气滤清器的维护

（1）干惯性式空气滤清装置的保养。干惯性式空气滤清装置由除尘罩、导流片、排尘口、集尘杯等组成。使用中应注意以下几点：

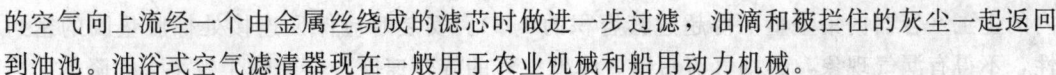

1）经常检查和清理离心除尘罩上的排尘孔，刷除导流片上黏附的灰尘，倒去集尘杯

内的尘土（容器内集尘量不得超过其容积的 1/3）。安装时应保证连接处橡胶垫圈的密封性，不得有漏气现象，否则气流短路，降低空气的旋转速度，会使除尘效果大大降低。

2）除尘罩、导流片应保持正确的形状，若有磕碰应及时整形，以免使气流改变原设计的流向而降低滤清效果。

3）有些驾驶员往集尘杯（或集尘盘）中加油，这是不允许的。因为油易飞溅到排尘口、导流片等部位，使此部位吸附灰尘，最终会降低滤清分离能力。

（2）湿惯性式空气滤清装置的保养。湿惯性式空气滤清装置由中心管、油池等组成。使用中应注意以下几点：

1）定期清洗油盘和更换机油。换油时应使机油的黏度合适，黏度过大，易堵塞后一级滤清装置的滤网，增加进气阻力；黏度过小，机油黏附灰尘能力降低，同时溅起的机油易被吸入汽缸参与燃烧，生成积炭。

2）油池中油面高度应合适。机油应加至油盘上下刻线之间或箭头标志处。油面过低，油量不足，滤清效果差。油面过高，机油过多，易被吸入汽缸燃烧，并可导致“飞车”事故。

（3）干过滤式滤清装置的保养。干过滤式空气滤清装置由纸质滤芯及密封垫圈等组成。使用中应注意以下几点：

1）定期检查，正确保洁。清除纸滤芯上的灰尘时，应用软毛刷沿折缝方向刷去滤芯表面尘土，并轻轻敲击端面使尘土脱落。进行上述操作时，应用干净的布或橡皮塞堵住滤芯两端，以防溅落的灰尘进入滤芯内表面。有条件时也可用压缩空气或打气筒（气压不得超过 0.3 MPa，以防损坏滤纸）从滤芯内向外吹气，以吹去黏附在滤芯外表面上的灰尘。

2）不要用水或柴油、汽油清洗纸滤芯，否则滤芯孔隙被堵塞，会增加空气阻力，同时使柴油易吸入汽缸，造成安装后起动“飞车”。

3）当发现滤芯破损，或滤芯上、下端面翘曲不平或橡胶密封圈老化变形、破损，均应更换新件。

4）安装时，要注意各结合部位的垫片或密封圈不得漏装或错装，以免空气短路。滤芯翼形螺母不要拧得过紧，以防压坏滤芯。

（4）湿过滤式滤清装置的保养。这种装置主要由浸过机油的金属滤网组成。使用中应注意以下几点：

1）定期用柴油或汽油洗净滤网上的灰尘。

2）装配时，先用机油浸润滤网，待多余机油滴尽后再装复。装时应使饼式滤网的滤网盘上十字骨架重叠对齐，并保证滤网内、外胶圈密封良好，以防进气短路。

4. 空气滤清器的更换

（1）拆卸

1）从空气流量（MAF）传感器和进气温度（IAT）传感器上拆开电线束。

2）松开空气流量（MAF）传感器上的空气滤清器管卡箍。

3）拆下发动机空气滤清器锁紧螺母。

4）从发动机托架上拆下空气滤清器滤芯。

（2）检查。目视检查空气滤清器滤芯、空气滤清器盖和空气滤清器体有无灰尘或脏物通过孔漏入滤清器媒介或通过密封件。在滤清器后面置一盏灯并观察通过滤清器的光线。哪怕只有最小的孔也要更换滤清器。同样也要检查滤芯密封是否变形或有无炭化或脆化部位，以致造成发动机不能运行并造成孔穴。如变色则不必更换。

（3）安装

1）擦净空气滤清器体和空气滤清器盖的内部表面，安装空气滤清器滤芯。

2）安装空气滤清器锁紧螺栓。步骤如下：

①拧紧到 2.3～2.4 N·m（20～30 lb·in）[①]。

②将发动机空气滤清器管卡箍拧紧到 3.4～4.6 N·m（30～41 lb·in）。

3）将电线束接到 NAF 传感器和 IAT 传感器上。

5. 空调滤清器的维护

汽车空调系统在使用过程中，空气会在各部件内循环。在此过程中就会在鼓风机、制冷系统蒸发箱、暖风系统的小水箱以及风道的表面积累许多尘埃、水分、细菌及其他污垢。日久天长，孳生出霉菌等细菌，发出异味，并会对人体呼吸系统及皮肤造成损害和过敏反应，直接影响乘员的健康，并且空调系统本身还会出现制冷效果差及出风量小等故障。

空调滤清器正是为避免上述现象而设计的，它可有效过滤空气中的灰尘、花粉和细菌，防止其对空调系统内部的污染。具有活性炭涂层的汽车空调滤清器还能杀死空气中的细菌并抑制细菌的再生。但是在空调系统使用的过程中，随着时间的推移，灰尘和细菌会在空调滤清器上逐渐积累，当达到一定程度之后空调系统还将出现上述一系列故障。这就需要定期保养，才能保持良好的空气调节质量。因此，经常清洁、定期更换空调滤清器是必须要做的工作。一般空调滤芯使用一年后应更换。若旧滤芯不是很脏，经阳光暴晒后可留着备用。

（1）更换或清洁空调滤清器芯。车用空调的进风口滤清器芯（又称花粉滤芯），一般位于前挡风玻璃右雨刮器下方。取出并清洁或更换的方法简单，步骤如下：

1）打开机舱盖，拉开右雨刮器下面的机舱口密封胶条。

2）用合适的旋具卸下滤芯前挡板的固定螺钉。

3）轻轻取下滤芯前挡板，即可看见里面的空调滤芯。

4）将滤芯稍向上抬，抽出滤芯。

5）用高压气反复吹除滤芯上的积尘，或在墙上敲打。

6）将清洁过的滤芯，或将新滤芯装回原位。

---

① lb·in 和 lb·ft 是英制转矩（也称扭矩）的单位，N·m 是公制转矩的单位，大部分国际专用测试工具使用这样的数量刻度或单位。换算关系是 1 N·m≈8.85 lb·in≈0.737 5 lb·ft。

7）盖上挡板，拧紧固定螺钉，装妥机舱口胶条。

(2) 用热风对空调系统清洁除臭。用热风对空调系统清洁除臭的步骤如下：

1）当车行驶 5 km 以上，使发动机水温达到正常值 90℃后，停车、怠速，开启空调。

2）自动空调连续按动温度设置的升高键直至显示“HI”，手动空调将旋钮拧至制热最高挡。

3）按下外循环键，开启所有车门与车窗。

4）将风量调至最大。

5）分别在平吹“→”、下吹“↘”和除霜的风向模式下，各猛吹 5～8 min（视空调污染情况而定，臭味很大，就多吹一会儿）。如此操作，就能彻底将空调风道内和蒸发器叶片上的霉菌烤干杀死，异味就会彻底消除。

4.3.2 机油滤清器的维护

1. 机油滤清器介绍

机油滤清器位于发动机润滑系统中。其上游是机油泵，下游是发动机中需要润滑的各零部件。其作用是滤除来自油底壳的机油中的有害杂质，以洁净的机油供给曲轴、连杆、凸轮轴、增压器、活塞环等运动部件，起到润滑、冷却、清洗作用，从而延长这些零部件的寿命，如图 4—7 所示。机油滤清器按结构分为可换式、旋装式、离心式；按在系统中的布置可分为全流式、分流式。机油滤清器所使用的过滤材料有滤纸、毛毡、金属网、非织造布等。

图 4—7　发动机润滑系统局部图

1—机油尺　2，5—密封圈　3，4—油压开关　6—滤清器架　7—螺栓　8—滤清器

（1）可换式机油滤清器。20 世纪 80 年代以前，国产发动机使用的机油滤清器多为可换式。此种结构的滤清器是将滤芯及其他零件，如弹簧、密封圈等放入一个金属外壳内，通过拉杆将外壳滤芯等与一个金属滤座连接固定。其好处是使用成本低，只需定期保养更换滤芯即可。不足之处在于密封点过多，保养更换滤芯可能会漏装零件，容易造成漏洞，而且更换费事。

（2）旋装式机油滤清器。我国自 20 世纪 80 年代初期从意大利引进旋装式滤清器生产线以来，旋装式滤清器逐步被国内主要生产厂认可并选用。此种滤清器的特点是内部设有止回阀、旁通阀，密封点只有一个，大大提高了密封性，易于更换。其滤芯材料多采用进口滤纸，因此，过滤效率高，流量阻力小，寿命长。现国内轿车全部采用此种结构形式的机油滤清器，绝大部分微型车以及大、中、小型客车，轻型、中型载货车以及部分重型载货车和农用车都采用了旋装式机油滤清器。

（3）离心式机油滤清器。此种式样机油滤清器有一个转子套在一只轴上，并有两个喷射方向相反的喷嘴，当油进入转子从喷嘴上出来时，转子便飞快地转动，使转子体内的油得到清洁，油中的杂质被离心泵甩到转子内壁上，喷嘴出来的油流回到油底壳。离心式机油滤清器的特点是性能稳定，结构可靠，没有需要更换的滤芯，只要定期拆卸转子，清洁沉积在转子壁上的污垢就又可重新使用。其寿命可与发动机等同。其不足在于结构复杂，价格较高、笨重等，对使用人员有较高的技术要求。

（4）全流式机油滤清器。全流式机油滤清器分为可换式、旋装式、分流离心式等，对进入系统的全部机油进行过滤。分流式滤清器只过滤机油泵供油量的 5%～10%。分流式机油滤清器都是精滤器，一般与全流式合用。小功率的发动机大多只采用全流式滤清器，功率较大的柴油机多采用全流加分流的过滤装置。

2. 机油滤清器的维护

机油滤清器用来去除机油中的金属碎屑和各种杂质，以免使其进入润滑系统，磨损机件。机油滤清器经过一段时间使用之后，滤芯上会聚集许多油泥和金属碎屑，造成滤清器堵塞，阻碍润滑系统正常工作。此时，应更换机油滤清器的滤芯。

现代汽车上广泛使用全流式机油滤清器，这种滤清器具有滤清效果好、机油流动阻力小和使用方便等许多优点。这种滤清器的更换作业非常简单。操作步骤如下：

（1）更换滤清器的准备。将车架高，使放机油容易些。将油盆放到发动机油底壳的放油螺塞处，卸下放油螺塞，放掉机油。发动机运行后，排气管也会很烫，当在排气管周围工作时一定要小心，当发动机很烫时松开放油螺栓时一定要小心，因为机油的温度很高，可能会被烫伤。

（2）当通过油底壳放油螺孔将旧机油放净时，用专用的机油滤清器扳手拆下机油滤清器。操作时注意不要让机油到处淌，以免弄脏发动机和操作环境。

（3）准备好充满机油的新滤芯，在滤芯的 O 形圈上涂抹一层机油，先用手将滤芯拧到拧不动为止，如图 4—8 所示。不要用滤清器扳手拧紧，以防损坏 O 形圈，造成漏油。

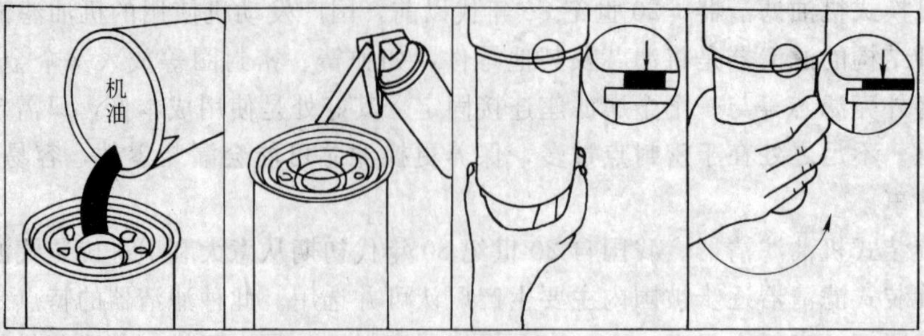

图 4—8 安装机油滤芯

(4) 检查新滤清器上的螺纹和橡胶密封件，控干净汽缸体上的安装座，然后用少量的润滑油涂在滤清器的橡胶密封件上，用手安装上机油滤清器。

(5) 橡胶密封件定位后，用专用工具顺时针方向拧紧机油滤清器。无号码的机油滤清器拧紧转数：顺时针拧紧 7/8 转，拧紧力矩为 22 N·m（16 lb·ft）；有号码的机油滤清器当橡胶密封件到位时，在汽缸体上标记下滤清器底部上的数字，从标记点处开始将滤清器顺时针拧转 7 个数字来拧紧滤清器。例如，当橡胶密封件到位时，如果在数字 2 下做标记，则应拧紧滤清器直到数字 1 对准标记点。或者橡胶密封件到位时的数字排列为 12345678，拧紧后的数字则应该排列为 81234567。

(6) 安装完毕后，向发动机加注机油至规定的液面高度，起动发动机在高速情况下运行发动机至少 3 min，然后检查机油是否泄漏。如有泄漏，应拆检油封胶圈，排除漏油现象。

4.3.3 燃油滤清器的维护

1. 燃油滤清器介绍

燃油滤清器有柴油滤清器、汽油滤清器和天然气滤清器 3 类。其作用是滤除发动机燃油气系统中的有害颗粒和水分，以保护油泵油嘴、缸套、活塞环等，减少磨损，避免堵塞。

(1) 柴油滤清器。柴油滤清器的结构大致与机油滤清器相同，有可换式和旋装式两种。但其承受的工作压力和耐油温要求较机油滤清器低得多，而其过滤效率的要求却比机油滤清器高得多。柴油滤清器的滤芯多采用滤纸，也有采用毛毡或高分子材料的。柴油滤清器除过滤柴油中的机械杂质外，还有一个重要的功能就是滤水。水的存在对于柴油机供油系统危害极大，会导致锈蚀、磨损、卡死甚至会恶化柴油的燃烧过程。柴油滤清系统的除水方式主要是沉淀。或是在滤清器的下部设一沉淀腔，或是采用专门的沉淀器。无论是滤清器下部的沉淀腔，还是专门的沉淀器都设有放水阀，当水积聚到一定量时开阀放水。

(2) 汽油滤清器。汽油滤清器有化油器式和电喷式之分，使用化油器的汽油发动机，汽油滤清器位于输油泵进口一侧，工作压力较小，一般采用尼龙外壳；电喷式发动机的汽油滤清器位于输油泵的出口一侧，工作压力较高，通常采用金属外壳。汽油滤清器的滤芯多采用滤纸，也有使用尼龙布、高分子材料的。

2. **燃油滤清器的维护**

(1) 汽油滤清器的清洗。部分国产老型号的汽油发动机，使用的汽油滤清器是可拆卸的，滤芯可以进行清洗。

1) 清洗汽油滤清器时，将燃油箱油管开关关闭，擦净滤清器外部的污垢，拆下滤清器，取出滤芯。

2) 陶瓷、尼龙或塑料制的滤芯可放在清洁的汽油中用毛刷刷洗，如果滤芯破损应予以更换，纸质滤芯应更换新品。

3) 滤芯装复时，其上下端面的密封圈等均应正确安装，不得漏装，以保证滤芯的滤清效果。

4) 滤清器装复后，应操纵汽油泵泵油，观察有无渗漏油现象。

5) 起动发动机，运转数分钟，检查汽油滤清器密封垫等处有无渗漏现象。

(2) 更换电喷式发动机的汽油滤清器。电子控制汽油喷射式发动机的汽油滤清器，依照维修手册应在汽车每行驶 40 000 km 后进行更换。由于现在汽油质量还达不到电喷车的使用要求，建议每行驶 20 000 km 更换一次。电喷车汽油滤清器大都安装在车身下油箱附近的输油管路当中，有的安装在发动机仓内，有的安装在汽油箱内。更换方法如下：

1) 释放燃油系统的油压。汽油喷射式发动机为了利于再次起动，在发动机熄火后，燃油管路内仍保持着较高的燃油压力。在拆卸燃油管道、更换汽油滤清器时，应先释放掉燃油管道内的油压，以免松开油管接头时大量燃油喷出造成人身伤害或火灾和燃油的浪费。释放燃油压力的步骤如下：

①起动发动机。

②在发动机运转中拔下电动汽油泵电源插头（或电动汽油泵继电器）。

③待发动机自行熄火后，再起动发动机 2～3 次，燃油压力即可完全释放。

④关闭点火开关，插上电动汽油泵电源接线（或装上电动汽油泵继电器）。

2) 将汽油滤清器从输油管路中卸下，同时应注意汽油滤清器进油口端与出油口端正确的方向（一般在汽油滤清器外壳上都有“↑↓←→”表示的方向）。

3) 按照正确的安装方向，装上新的同型号的汽油滤清器，接好所有燃油油管接头。

4) 擦净流出的汽油后，将点火开关旋至 ON 位置再关闭，如此反复进行数次，使燃油系统建立起油压。

5) 起动发动机，检查汽油泵连接处是否漏油。

(3) 燃油滤清器更换的注意事项

1) 更换周期。燃油滤清器的推荐更换周期应根据其自身的结构、性能和用途等的不同而有所差异，不能一概而论。其中燃油箱滤清器或其保护套通常被认为是免维护的部件。

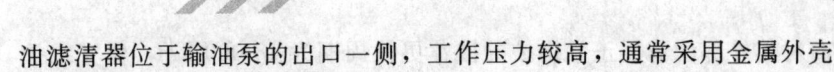

大多数汽车制造商对其外部滤清器正常维护的推荐更换周期为 48 000 km，保守维护的推荐更换周期为 19 200～24 000 km。另外，当滤清器软管出现由泥尘、机油等污垢造成的老化或裂痕时，需要及时更换该软管。

2）检查密封垫。许多进口车的燃油滤清器采用了鼓形管连接。为了保证连接密封的可靠性，切不可反复使用同一密封垫。另外，即使采用全新的密封垫，也必须检验其连接紧固后的密封性。当燃油系统需要更换 O 形圈时，必须要确保该 O 形圈规格型号准确无误，并检验该圈的弹性和硬度是否合适。

3）无回路的燃油系统也要维护。无回路的燃油系统仅有一只内部滤清器（在燃油箱内），虽然这种多位一体的泵、滤清器、输送单元价格昂贵，但是当燃油输送受阻或发动机性能因此而下降时，也必须及时进行适当的维护和保养。同时，还需检查所有燃油管路中的故障和在软管卡箍处的破裂和卷边情况。

（4）汽油滤清器堵塞的应急处理。若汽油滤清器堵塞，将出现来油不畅或不来油的故障，使发动机无法正常工作。如检查确属滤清器堵塞又暂时无法更换的情况下，可将滤芯卸下，根据滤芯的类型予以清理。

1）若是叠纸滤芯，可将其放在清洁的汽油中反复清洗，并用压缩空气吹通。

2）若是微孔陶瓷滤芯，可将其放入罐头盒等金属容器内，用开水煮沸 10 min 左右，然后用压缩空气吹净，最后再放在干净的汽油中清洗。

3）若是陶瓷滤芯堵塞严重，也可将陶瓷滤芯放在火中烧 30 min，待冷却后放入稀硫酸或盐酸溶液中浸洗，然后用清水反复冲洗，最后用压缩空气吹干。

4）注意所有滤芯清洗后，都要用压缩空气吹净，装复时要注意密封圈的密封状况，同时紧固螺钉不要拧得过紧，以防滤芯破裂。

单元测试题

一、判断题（下列判断正确的请打“√”，错误的打“×”）

1. 选择蓄电池型号需根据发动机阻力矩、起动机功率和蓄电池容量的大小计算确定。（　）
2. 拆卸蓄电池时，应先拆卸正极电缆，后拆卸负极电缆。（　）
3. 黏度常用的单位是厘斯，黏度通常以国际标准在 25℃时的数值表示。（　）
4. 发动机机油变黑的原因不一定是机油变质。（　）
5. 机油滤清器的上游是发动机中需要润滑的各零部件，下游是机油泵。（　）

二、单项选择题（下列每题的选项中，只有 1 个是正确的，请将其代号填在横线空白处）

1. 蓄电池在汽车上由发电机对其充电的方法属于________法。

A. 对应电压充电　　B. 分级电流充电

C. 改进恒流充电　　D. 恒定电压充电

2. 轿车选用的机油质量等级应以不低于________级为宜。

A. SF　　B. SG　　C. SH　　D. SL

3. 更换机油时，应起动发动机使之运转达到正常的工作温度，即________℃以上。

A. 70　　B. 80　　C. 90　　D. 100

4. 汽缸、活塞、活塞环磨损严重，生成胶质和炭渣是因为机油________。

A. 品质差　　B. 高温氧化　　C. 酸化　　D. 脏污

5. 安装空气滤清器，将发动机空气滤清器管卡箍拧紧到________N·m。

A. 1.2～2.3　　B. 2.3～3.4　　C. 3.4～4.6　　D. 4.6～5.8

三、简答题

1. 哪些情况下蓄电池需要补充充电？

2. 简述纸质滤芯的常用清洁方法。

单元测试题答案

一、判断题

1. √　　2. ×　　3. ×　　4. √　　5. ×

二、单项选择题

1. D　　2. A　　3. B　　4. B　　5. C

三、简答题

1. 答：(1) 启动无力（并非机械故障所致）时。

(2) 前照灯灯光暗淡，表示电力不足时。

(3) 电解液密度降到 1.20 g/cm³ 以下时。

(4) 冬季放电程度超过 25%，夏季放电程度超过 50%时。

2. 答：(1) 轻拍法。即将滤芯从壳中取出，轻轻拍打纸质滤芯端面使灰尘脱落，不得敲打滤芯外表面，防止损坏滤芯。

(2) 吹洗法。即用压缩空气从滤芯内部向外吹，将灰尘吹净。为防止损坏滤纸，压缩空气压力不能超过 0.3 MPa。

5

第 5 单元

日常经营管理

5.1 应用英语

汽车一开始就是舶来品，至今国内汽车的许多零部件仍然依靠进口。这就不得不时常看到有关的英语词汇或与国外人士接洽，因此，必须熟悉汽车常用的英语词汇和一般的交际用语。

5.1.1 汽车英语常用词汇

1. 汽车英语专业词语

众多的汽车英语专业词语的确给汽车美容装潢工的学习造成了一定困难，其实有些单词按照词典也无法解释通顺。为此，本书收集和翻译了一些汽车专业英文单词，并简单加以介绍，大家可以借助这些轻松地学会一些关于汽车方面的专业英文。这里主要提供理解和记忆的方式，大量的专业和相关词汇并不在此一一列出。何况针对汽车美容而言，有些目前还未形成固定的专有名词。

(1) Headlight（头灯）。就是把“头”和“灯”两个名词组合在一起。可将前面的名词作为形容词，简单明了。

(2) Grille（水箱护罩）。拼写上要注意最后的那个“e”，否则就变成“烧烤”的意思了。如果是镀铬水箱护罩，那就是 Chrome Grille。

(3) Fog Light（雾灯）。和头灯一样，就是把雾（Fog）和灯（Light）放在一起就行了。英文里这类的用法非常多。

(4) Bumper（保险杆）。这个词是由 Bump（凸起）加上后缀“er”演化来的，因为保险杆就是车头、车尾的凸出物，装设保险杆的目的就是用来抵挡轻微的碰撞，以保护车身。Bump 如果加“y”变成 Bumpy，就是“颠簸”的意思。

(5) Air Intake（进气口）。因为以前的汽车不太讲究空气动力学，引擎的进气口大多设置水箱护罩。那个时候的车子方方正正，车头高，水箱护罩也大，再加上以前都是后轮驱动车，引擎直列摆设，散热风扇由曲轴直接带动，正对着水箱护罩，直接吸进空气散热效果最好。

(6) Indicator（方向灯）。Indicate 是动词，意思是“指示”，后缀为“or”，表示“显示器”，指示汽车要左转、右转的“显示器”就是中文里的“方向灯”。

(7) Windshield（挡风玻璃）。这也由两个词组合而成的，但已经进化成一个独立的词了。Wind 是“风”，Shield 是“遮蔽、阻挡”的意思，Windshield 就是挡风玻璃。

(8) Wiper（雨刷）。Wipe 是动词，意思就是“擦、拭、抹”。在英文里，“er”后缀通常表示由动词变成的名词，因此，Wiper 也就成了“抹去雨水”的“雨刷”。

(9) Hood（引擎盖）。这是美式英语的说法。如果车主购买的是欧洲车，那么“引擎盖”一词用 Bonnet 来表示。

(10) Roof（车顶）。和房子的屋顶用词一模一样。

（11）Cabin，Passenger Room（乘员空间）。这两个单词均可表示为车内的乘员空间。

（12）Sunroof，Moon Roof（天窗）。一般均以 Sunroof 来称呼较多。Moon Roof 则是专指“玻璃天窗”。

（13）Side Skirt（侧裙）。其功能也基本与气坝相似，主要用来减少车体两侧的气流进入车底。

（14）Spoiler（扰流翼）。Spoil 是动词，其原意是“破坏、宠坏”。Spoil 加“er”后成为名词，指“破坏者”。其主要作用是破坏原本气流流动的方向。车尾的扰流翼可以把原本要往下流动的气流阻挡住，使其对车尾形成下压力，在汽车高速行驶时可以增加后轮的抓地力，过弯时车体的控制会更顺畅。

（15）Trunk（欧洲车用 Boot）（行李厢）。这又是一个美国人与欧洲人说法不同的地方。有趣的是 Trunk 的另一个意思是旅行时所用的“行李箱”，而 Boot 的另一个意思则是“靴子”。

（16）Taillight（尾灯）。这又是一个把两个名词组合在一起的例子。

（17）PDC（倒车雷达）。PDC 是 Parking Distance Control 的首字母缩写。其实虽然汽车的许多电子配备功能相同，但各家赋予的名字或缩写却不尽相同。通常，最后能通行的说法，如果不是最早推出的，就是最成功、最能让消费者感到印象深刻的。

（18）Instrument（仪表）。凡是速度表、引擎转速表、机油压力表、冷却水温表等都称为仪表，在英文里统称为 Instrument。

（19）Instrument Panel（仪表板）。把多种仪表放置在一起、方便资讯的读取。这个许多仪表聚集在一起的地方，就是所谓的仪表板。

（20）Tachometer（引擎转速表）。对真正开车的行家来说，引擎转速表才是更重要的仪表。因为速度表所显示的，只是车子对地面相对运动的速度，车况如何无法显示。可是引擎转速表就不同了，了解引擎的扭力曲线，明白引擎在多少转数时有多少动力输出，才能藉由掌握适时的换挡时机来获得所需要的动力衔接。

（21）Speedometer（速度表）。对一般的驾驶人而言，速度表也是车上非常重要的仪表。如果没有速度表，驾驶者很难对自己的行车是否超速做出较为明确的判断。

（22）Cooling Water Temperature Gauge（冷却水温表）。一般都省略 Cooling 一词而直接称 Water Temperature Gauge。Gauge 也是“表”的意思，和 Meter 一样。

（23）Oil Pressure Gauge（机油压力表）。这也是一个很重要的仪表。引擎能否正常运转，机油是第一道防线。这是因为机油除了负责润滑引擎各零组件外，能在第一时间将引擎因燃烧、摩擦而产生的热量带走。所谓的机油压力，是表示机油从油底壳被机油泵抽起来之后送往汽缸的压力。机油压力偏低或过高，都可能表示流动机油量不足，这样就会导致润滑与散热不良，最后造成引擎发生故障。因此，有机油压力表，可以更进一步地帮助车主了解汽车行驶时的车况。

（24）Oil Temperature Gauge（机油温度表）。一些较为讲究的车子，还会装上机油温度表。如冷却工作非常仰赖机油性能的跑车——保时捷 911，就备有机油温度表，这对于判断车况有一定的帮助。

(25) Fuel Gauge（油量计）。这就是大家通称的“油表”，用来显示燃油的存量。从仪表的分类上来说，油量计属于“液位显示器”。因为其工作原理，就是在油箱里装置一个浮筒，随着燃油的减少，浮在燃油液面上的浮筒也会跟着下降，从而带动油量计的指针显示燃油存量。“油表”指针的移动很少是线性的，因为浮筒只能显示液位，然而油箱的形状却不是规则的四方形。为了配合后座椅下方或是行李厢尾端的结构，油箱通常的形状是上半部为四方形，下半部缩成三角状。因此，到了下半部，其实体积比起上半部几乎小了有一半多，“油表”指针前半段移动较慢，过了1/2之后就下降得很快。

(26) Indicator（警示灯）。凡灯泡故障、车门没关、电瓶异常、气囊动作异常、刹车片过薄、喷油嘴肮脏等的车况警示，都会以警示灯的方式在仪表板上显示，这些警示灯统称为Indicator。不过，Indicator在英文里的另一个通常用法就是“方向灯”，因此，为了区别起见，上述的各种警示灯，也常用另一种说法“Warning Light”来取代。

2. 进口汽车品牌

进口汽车品牌的名称见表5—1。

表5—1　进口汽车品牌的名称

国家	英文名称	中文名称	国家	英文名称	中文名称
美国	G. M.	通用	日本	Subaru	斯巴鲁
	Buick	别克		Isuzu	五十铃
	Cadillac	凯迪拉克		Nissan	尼桑
	Chevrolet	雪佛兰		Eunos	依诺斯
	Ford	福特		Efini	仪飞尼（音）
	Oldsmobile	奥斯摩比		Autozam	科特赞
	Pontiac	庞帝克	西班牙	Seat	喜悦
	Saturn	钍星	俄罗斯	Lada	拉达
	Mercury	水星	德国	BMW	宝马
	Lincon	林肯		Mercedes－Benz	奔驰
	Chrysler	克莱斯勒		Opel	欧宝
	Jeep	吉普		VW	大众
日本	Yelong	裕隆		Audi	奥迪
	Toyota	丰田		Porsche	保时捷
	Honda	本田	瑞典	SAAB	绅宝
	Mitsubishi	三菱		Volvo	沃尔沃
	Mazda	马自达	法国	Citroën	雪铁龙
	Daihatsu	大发		Renault	雷诺
	Suzuki	铃木		Peugeot	标致

续表

国家	英文名称	中文名称	国家	英文名称	中文名称
英国	Rover	路宝	意大利	Maserati	玛莎拉蒂
	Jaguar	捷豹		Ferrari	法拉利
	Lotus	莲花		Lamborghini	兰博基尼
	Rolls－Royce	劳斯莱斯		Bugatti	伯嘉帝
	Aston Martin	阿斯顿马丁	韩国	Ssang Yong	双阳
	Bentley	本特利		Hyundai	现代
意大利	Alfa	阿尔法		Daewoo	大宇
	Lancia	兰吉雅		Kia	起亚
	FIAT	菲亚特			

5.1.2 汽车美容服务英语

汽车美容服务英语主要以口语为主，以便为外国顾客更好地进行服务，表 5—2 所示为汽车美容服务一般场景对话。其他口语及词语部分请参见英语相关书籍学习。

表 5—2　汽车美容服务一般场景对话

发话人	中　文	英　文
员工	您好！	How do you do!
顾客	你好。	Hi.
员工	我能为您做什么？	What can I do for you?
	请问您的车要清洗吗？	Will you like your car washed?
顾客	我可以把车停在那儿吗？	Can I park my car there?
员工	由您决定。	It's up to you.
	请便、别客气。	Be my guest.
顾客	我的车需要洗一洗。	My car needs washing.
	你们洗一辆车要收多少钱？	How much do you charge for washing a car?
	清洗我的车要多少钱？	What is the damage for the wash job of my car?
员工	车洗好了。	I'm finished the job.
	请问您的车要打蜡吗？	Would you like your car waxed?
	不会花很长时间的。	It won't take much time.
顾客	这车不要在太阳下暴晒。	The car won't exposure to the sun.
员工	听您的。	O. K. /No problem.
	我会想办法的。	I'll do something about it.

续表

发话人	中文含义	常用英语
员工	请到休息室休息。	Please take a break in the back room.
	我马上就做完。	I'll finish the job.
顾客	洗过车后，要把它用布彻底擦干净。	When you've washed the car, wipe it down well.
员工	我会留意的。	I'll keep my ears open.
	您可以信赖我们。	You can count on us.
员工	您满意吗？	Satisfied?
顾客	非常感谢。	Thank you very much.
	感谢你为我做的一切。	Thank you for your work.
员工	不客气。	You're welcome.
	能帮助您，我非常高兴。	I'm glad I could help.
员工	请到那里付款。	The counter is over there.
	这是我们的店长（店主）。	This is our shopkeeper.
	还要我为您做点别的什么？	What else can I do for you?
顾客	请告诉我怎么走。	Have the goodness to show me the way, please.
员工	出这扇门向右拐。	Walk through the door and turn to the right.
员工	谢谢光顾敝店，欢迎再来。	Thank you for custom. Hurry back.
	承蒙光顾，欢迎之至。	Your patronage is cordially invited.
	欢迎您下次再光临我们的小店。	You're welcome to stay with us next time.
	务必再来，非常欢迎您随时光临。	Do come again. You're very welcome to hang your hat up here at any time.

5.2 门店管理

作为一名高级的汽车美容装潢工，除了做好自己的日常工作外，还需要能进行办公自动化操作和管理门店及员工。基于有关办公自动化方面的书籍众多，本教材不再重复叙述，以下仅对门店事务及人员管理进行介绍。

5.2.1 日常事务管理

1. 开店

（1）步骤一：到岗

1）应比所有员工早到，带头养成提前到达店铺的习惯。

2）出入店铺需验证。进店铺前应自觉佩戴工牌，并主动将手持物品交保安人员或店长看清楚。

3）与员工见面后需问候。早晨的心情将影响员工一天的工作情绪，故在早上见面时应该主动问候，并关心员工的情绪，协助员工以健康愉快的心情进入工作状态。

4）更衣

①进入店铺后，在更衣室更换统一制服，并保证制服的干净、整洁。

②将工牌端正地别在左胸前。

③把与业务无关的物品放在衣柜里，用钥匙锁好。

（2）步骤二：营业前例会

1）例会在正式营业前 15 min 进行。

2）营业前例会的内容

①公布当天的销售目标，鼓舞员工士气。

②提出工作中的注意事项。

③公布新的促销措施。

（3）步骤三：设施检查

1）检查店内各种照明用具，如有故障，应尽快安排人员修复或更换。

2）检查店内外各种装饰物、海报、挂画等宣传品是否完好无损，是否摆放整齐。

3）收银机是否运转正常。

4）检查商品的摆放是否整齐有序。

5）检查各种备用品和销售用品是否到位。

6）店内的清洁工作结束后，检查是否符合标准。

①店铺的天棚、墙壁是否有污损或有蛛网。

②地面是否干净。

③通道是否畅通无阻。

④柜台等是否干净明亮。

（4）步骤四：准备开店。在开店前 2 min，通知店员各就各位，并一起做出迎接顾客的姿势。当店铺的大门正式打开时，带领全体员工齐声招呼：“早上好！欢迎光临××店。”

2. 运营

在店铺运营的过程中，店长的主要工作职责是负责监控和管理，包括操作人员的管理、服务水平的管理、销售场所的管理、销售货品的管理以及突发事件的处理等。店长除了要具备一般操作人员和营业人员的专业素质外，还要具备一定的管理素质。

（1）店内检查与管理。保持良好的环境，是店内检查整理的目的。店铺中每天人来人往，车进车出，长期保持良好的环境比创造一个良好的环境更重要、更困难，因而必须有统一的安排。

1）创造良好的经营场所

①在经营场所内创造出积极向上的工作气氛和融洽的工作氛围。

②经营场所必须清洁、舒适、自然、美观。

③经营场所不是固定不变的，应通过听取顾客的意见适时地调整，不仅会方便顾客，而且会给人以耳目一新的感觉。

2）关于商品及其陈列

①商品上是否积满灰尘。

②有的商品是否已经脱销。

③商品上是否贴有标签，标签是否混乱或是否会引起顾客误解。

④商品陈列数量是否适度。

⑤商品陈列是否美观、整齐、易看、易取。

⑥商品陈列是否稳固安全。

3）关于广告宣传用品

①广告张贴是否整齐美观。

②广告宣传品是否污损。

③广告宣传与实际销售是否相符。

④各类宣传广告中文字是否有误。

4）关于仓储

①商品存放是否整齐、安全。

②库存量是否适度。

③破损商品是否妥善处理。

④仓储商品是否物账相符。

5）关于店铺周围环境

①店铺周围是否能保持整洁卫生。

②店铺外部（卷闸门等）设施是否运转正常。

③店铺外部装饰有无损坏。

6）关于防火防盗

①消防器械是否放于固定场所。

②烟灰缸或垃圾筒内是否留有余火。

③服务员、值班员是否熟知基本防火知识。

④通道、仓库及店铺周围是否有障碍物。

⑤保险柜、收银台抽屉是否上锁。

⑥贵重物品的数量是否已经清点。

⑦是否有门锁需要更换。

7）关于服饰打扮与行为

①语言行为是否达到要求与标准。

②头发是否整洁，有无怪异发型。

③化妆是否过于妖艳。

④是否有人不注意口腔卫生，有口气。

⑤是否有人配带夸张、易划破商品的首饰。

⑥工作中有无人员不遵守工作纪律，如聊天、吹口哨、吃零食等。

⑦是否整齐地佩戴工牌。

⑧是否有人留长指甲或长胡须。

⑨制服纽扣是否系好。

⑩是否有人在工作时间化妆或打私人电话。

⑪是否有人倚坐在货架上。

⑫是否有人对顾客指手划脚，说三道四。

⑬是否发生同事间的争吵。

⑭是否有人擅自离岗。

⑮是否有人看报纸杂志。

（2）行为管理

1）重视服务语言。在接待顾客的工作中，服务语言是一种特殊的语言，具有举足轻重的作用，因此，必须加强对服务语言的掌握，使之规范。仅有优美动听的服务语言，而服务态度不佳，则前者会成为机械化的程序，为此应该：

①永远从顾客的角度考虑问题。

②从内心感谢顾客光临本店。

③认识自我的服务价值。

④熟知商品知识和顾客购买心理。

⑤掌握语言技巧。

⑥保持自身的整洁美观。

2）在正确运用服务语言时，应掌握的要领有：

①注意服务用语与态度、动作协调统一。

②面带微笑。

③强调要点，注意语序。

④注意顾客反映，认真听取顾客意见。

⑤语言尽量通俗易懂。

⑥不能与顾客发生争执。

⑦精神集中，不东张西望。

⑧讲话应诚恳、负责任。

3）把握商品供销动向。所谓把握商品供销动向，是指对一定期间的商品销售和采购状况有准确的了解。其中最重要的是对各类商品销售状态的把握，其目的是为了更全面、准确地向顾客介绍推荐商品，以扩大商品的销售。把握商品供销动向的主要方法有：

①全面观察法。在销售活动中，随时随地观察各种商品的需求情况和销售情况。随时观察，随时积累，随时分析。

②销售分析法。分析各种商品销售额的增减变化，以确定哪种商品畅销，哪种持平，哪种滞销。

③销售量分析法。依据进货记录，结合存放情况、定期收益点，把握某一时期内各种商品的销售情况。

4）商品整理。商品整理是把握商品供销动向的基础。简而言之，商品整理就是使商品物归原位、各适其所。为此，须将经销商品分类，确定放置场所并记录放置场所，及时整理商品，恢复原位。当然，这项工作应同商品的陈列结合在一起。

3. 工作现场的规则

（1）设备的使用

1）店铺出入口、休息室、厕所，工作人员从上班到下班要用工作人员专用的设备。

2）道路上要遵守右侧通行，狭窄的地方要让路。

3）卫生间应随时保持干净、无异味。

4）办公用品。仅发放必要的用品，如笔、本子等，且由使用员工妥善保管。凡因遗失或使用不当导致损坏的，均应由使用员工自行负责解决。

5）电话机在使用时要用手指准确地拨出号码，切断电话时，轻轻地放好话筒。打私人电话尽量不占用办公电话。迫不得已情况下，须经店长同意方可使用办公电话。

6）如是共用的备用品，用完后要养成放回原地的习惯，以便别人随时使用。另外也要注意节约。

（2）吃饭。吃饭的时候要采取换班吃饭的方法。工作人员要在休息室就餐或外出就餐，并遵守规定的时间。不要带着食物回岗位，吃完饭后要尽早归位。

（3）休息。工作时间与休息时间是有区别的。但是休息时也应注意不要在店内散步或与正在工作的人员闲谈，以免影响工作。吸烟、化妆要在指定的场所进行。

（4）离开岗位。工作中不允许随便离开固定的岗位。需要离开岗位时，不论公事、私事都要说清前往何处、事由、预定归来时间等。离开岗位以后对预想到的事情，要采取必要的措施。外出时，一定要得到店长的许可，并要在《员工外出登记簿》上签字，回来后要报告。另外，在工作过程中不得进行私人会面。

（5）打电话

1）基本要求

①语言应简单明了、热情亲切。

②使用普通话，声音要平静有序。

③不应边与他人说笑，边打电话。

④若电话中断，应立即挂上听筒，等待对方重新打进。

⑤对重要事项，必须边做记录边打电话。

⑥打完电话后，要听到对方挂上话机的声音后再挂断电话。

2）打出电话

①打出电话时，首先要确认对方的号码和姓名。

②主动报出自己的单位名称和姓名。

③言语尽量简洁，对重要问题应该边复诵边做记录。

④通话时若要与身边旁人讲话，应先向通话方道歉，用手捂住话筒后再讲话。

3）接听电话

①电话铃响后，迅速拿起话筒，报出单位（如：您好！××店）名称，然后询问对方姓名和事由。

②若对方要找另一个人，应手捂话筒，招呼他人接电话。

③自己如果不决策时，应请示上级后再做答复。

4. 工作现场发生事故的紧急处理

（1）事故的处理。每天在迎接众多顾客的店铺里，总是要发生各种事件，有许多事情是由于工作人员不注意，未能防患于未然而发生的，应该特别小心注意防范，同时也要不断地掌握发生事故时的处理方法。比如为了防止火灾，需要做到以下几点：

1）除规定的场所外不许吸烟。对边吸烟边走进店铺的顾客，应递上烟灰缸耐心地劝止说："对不起，店铺内不允许吸烟，请您把香烟熄灭。"

2）周围不要放置易燃物。

3）店内的灭火器、报警器的位置及使用方法要记住，以防万一发生火灾等非常事故的时候使用。

若发生火灾，应做好以下几项工作：

1）首先，要立即使用附近的警报器或紧急联络电话报警。

2）其次，不要惊慌，按照各自所负担的责任及早组织灭火和引导顾客脱离危险区。

3）最后，尽可能将其他商品抢救出来加以保护，防止由于混乱而造成丢失。

（2）失物招领。顾客遗忘的东西，要尽快送回到失主手里。如无法找到失主，应把顾客遗留的东西立即送到收款台去。发现寻找失物的顾客时，应与其一起到收款台。在任何情况下，都不要交给私人保管。

（3）急病。如果顾客发生急病，应立即与医院联系。

（4）防窃。如果顾客将物品或零钱放在车内，要提醒他（她）注意："请您把东西带在身边！"以防止发生偷窃。

5. 关店

（1）离店的准备

1）弄清工作是否完全结束了，商品的库存和其他必须跟进的事情还有哪些未完成。

2）把明天的工作记在备忘录上，准备好工作内容并调整好顺序。

3）认真锁好橱、柜、窗户等，最后退出的人员负责向保安人员交班以结束一天的工作。工作结束后，相互问好后离店。

（2）反思。结束一天的工作后，应对自己一天的工作情况进行反省。

1）今天店铺内员工的工作态度、服务质量、勤务状况如何，是否有进一步改善的必要。

2）今天的成绩如何，是否完成预定的任务。如果没有完成，问题出在哪里，需要在哪些方面进行弥补。

3）明天的目标是什么。

4）所有工作人员的工作斗志是否昂扬，如何进一步提高员工对工作的主动性。

5）对明天的工作是否已心中有数。

5.2.2 门店人员管理

1. 门店人员管理的基本原则

（1）门店管理人员的角色。门店的成败取决于门店管理人员的执行力和管理能力的高低。店长可以说是一家商店的灵魂。虽说店长是指导别人做事的人，但并非抱着双手站于一边的旁观者，也需要站出来与下属一起努力。门店管理人是劳力者亦是劳心者。所谓劳心者，是指管理人会主动发掘潜在问题，进而深入探讨，提出解决的办法。在整个企业组织中，管理人占据着中层领导人的重要地位。企业想要强化属下的门店，就得借助店长的推动才能实现。门店的成败除了取决于企业的经营方针外，也取决于店长的执行和管理。所以门店管理人员是门店的代表者、门店形象的铸造者、训练部署的执行者和企业政策的推动者。

（2）了解员工的真实需求

1）员工希望得到平等对待。在当今时代，分工合作越来越重要，人们更希望自己能得到应有的尊重，希望别人能认可自己的重要性。

2）员工希望自己的能力得到认可。员工希望做一些重要、有意义的工作，并为社会、企业做出自己的贡献。

3）员工希望能消除潜在的不安因素。为了能全心全意地投入工作，员工都希望拥有安定的收入、身份、地位、安全的工作环境，以及将来有一个切实的保障。

4）如果有机会，员工希望能得到提升、加薪。

5）员工希望自己能在一个社会上有声望的公司工作，并成为其中一个成员，贡献自己的力量。

2. 处理工作中的不满分子

在工作中，有时会因为少数几个不满分子导致会议的混乱，妨碍工作的顺利开展，破坏组织各部门的合作关系及工作气氛。

（1）产生原因

1）高压政策。上司对下属的要求过严，采取高压政策，滥用权利，不考虑下属的想法，从而导致下属的不满。

2）缺乏人情味，缺乏信任。上司不管下属的工作动机，不与下属进行交流。由于上司不清楚下属的愿望，无法采取相应的措施。如果上司只是把下属当作工具使用，不具有人情味，不信任下属，当然会导致下属的不满。

3）由于工作失误而经常受到责备。下属的能力欠佳，从而经常出错或失败，受到上司的斥责，因而会对上司产生不满和抱怨。

（2）处理方法

1）认真听取下属的不满及抱怨。上司应让下属表达出其不满的原因，充分理解下属的立场，避免先入为主的态度，认真听取不满分子所提出改善问题的建议，否则是很难解决问题的。

2）授予一定的任务。有的不满分子总是对计划的实施抱怨不止，这时如果给予其一定的任务，他们往往会废寝忘食地工作，出色地完成任务。所给予的额外任务就起了激发其工作欲望的作用，能够发挥其潜在的能量。

3）充分交流。与不满分子充分交流，讨论工作的任务、步骤，让其阐述自己的观点，在团体内发言。这样，通过某个讨论的话题，可达到疏通交流的目的，并能提高其集体主义的观念。

4）对下属有所期待。对不满分子的言论、行动，如果采取听之任之的态度，觉得下属反正不行，或采取高压政策，都不是解决问题的根本办法。这时应与下属进行充分的交流，给予一定的期望，并且要建立基本的信赖关系，这才是处理不满、怨言的根本办法。

3. 解决员工工作积极性较低的问题

（1）鼓励下属可提高其工作积极性

1）效应法则。海豹在完成一个表演项目后，如果表演很成功，训兽师就会喂给它一条它喜爱的小鱼，以强化海豹的表演。心理学家们把这种现象称为效应法则，即人们都希望自己的行为能得到奖赏而不是惩罚。如果给予其奖励，就可强化其行为，但如果给予惩罚，就只能使人终止某种行为。作为一个管理者，应当充分地利用这一效应法则，并激发部下的潜力。

2）赞美（鼓励）和奉承（教唆）的区别。如果人们不是在被训斥的情况下不得不去工作，而是在被鼓励的情况下自愿地工作，那么心情就会好得多，而且更能发挥创造力，提高工作效率。俗话说："即使赞扬者忘记了赞扬过别人，被赞扬者也总能记起被赞扬时的心情。"赞扬别人也可使自己心境开朗，充满自信，使自己能给人以亲切感、依赖感。

赞扬是指客观、诚实地指出别人的优点、长处以及好的行为。而奉承则是违心地说别人的好话，即使没有那么一回事，也故意编造出来以取悦别人，或者是夸张事实，极尽虚伪奉承、巴结之能事。

3）鼓励赞扬他人的方法

①不应忽略下属好的行为，应尽量当众表扬。

②指出下属所期望的工作情况并给予鼓励。

③赞美、鼓励下属使其向更高的目标提出挑战。比如“你做得太好了，希望你成为本公司最棒的员工。”

④使下属意识到其工作的重要性。比如可以说：“你的观点、立场越来越有影响力了。”

⑤对于新的员工，也应尽快抓住机会给予鼓励，树立其工作的信心。

⑥对于从事平凡工作的人或以前失败过的人，也应找机会给予鼓励。

⑦在赞扬别人时也应注意到对其他人的影响及正反馈效应。

⑧借他人的言辞赞扬别人。比如可以转达上司、顾客、合作伙伴对某人的好评。

(2) 责备下属有时也能使其奋发图强

1) 责备与发怒的区别。责备人有时对人也有好处，正所谓“忠言逆耳利于行，良药苦口利于病”。但是，如果责备的方法不对，良药也会变成毒药甚至夺其生命。责备的效果如图 5—1 所示。

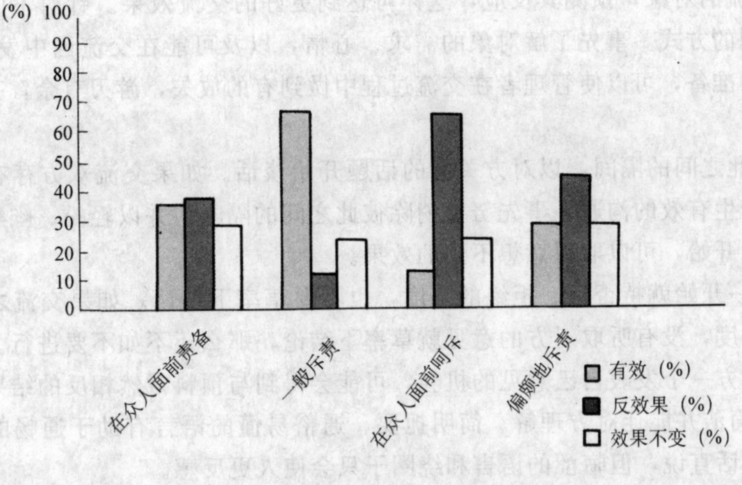

图 5—1 责备的效果分析

责备是以理服人，明辨是非，让别人改正错误，同时还要认真听取别人的解释，冷静处理问题，处处为他人着想。发怒则不一样，是不考虑别人的感想，一口气地发泄自己的愤怒，只图一时之快，这种处理问题的方法不可能让下属心服口服。

2) 责备时的注意点

①明确责备的原因和目的，事先要考虑清楚责备是否是解决该问题的最佳方法。

②责备时不能激动，应就事论事，不能用带有强烈感情色彩的措辞。

③原则上不能当众责备别人。在责备别人时，要考虑对方的立场、人格、性格、自尊心等因素，不能做得太过分。

④不能讽刺别人或指桑骂槐。

⑤不能纯粹地把失败、失误的责任归于别人，应把对方看做自己的伙伴，共同反省、检讨。

⑥在责备别人时还要表达自己对他的期望。不能激怒对方，更不能打击别人的信心使其无法振作。

⑦最后还要给对方鼓励，绝不能说些使人丧气的话，比如："你这种人没指望了""随你的便吧"等。

4. 和员工的思想交流

（1）完成工作最重要的是为任务的落实赢得支持，有效的交流是必不可少的途径。

1）预先明确交流目的和所要传达的内容，并把内容向有关人员做充分的解释和说明。比如公司下达工资制度的改革方案，店长应详细地向员工解释公司改革的原因、目的以及内容，以求得员工的理解、配合及支持。尽管可能招来员工的意见，但这正是交流的必要所在。不应该只是机械地宣读公司通知，或只是将通知张贴出来而对余下的事情不闻不问。

2）研究交流的对象，预测其反应，这样可达到更好的交流效果。针对不同的交流对象，应采取不同的方式。事先了解对象的需求、心情，以及可能在交流当中发生的问题，事先做好充足的准备，可以使管理者在交流过程中做到有的放矢，游刃有余，并取得理想的效果。

3）消除彼此之间的隔阂，以对方关心的话题开始谈话。如果交流双方存有戒心和隔阂，就不可能产生有效的沟通。事先努力消除彼此之间的隔阂，并以轻松、幽默及对方所关心的话题作为开始，可以取得意想不到的效果。

4）不要从一开始就持否定、拒绝的态度，也不要草率下结论。如果交流之前就抱有否定、拒绝的态度，没有听取对方的意见就草率下结论，那么还不如不要进行。告诉自己要有耐心，给对方一个发表自己意见的机会，可能会得到与预料截然相反的结果。

5）语言要简洁并能让对方理解。简明扼要、通俗易懂的语言有助于通畅的沟通。尽管有时候很难有话直说，但晦涩的语言和绕圈子只会使人更反感。

6）对于一些特殊的问题要抓住要点，在双方都理解的基础上再进行进一步的讨论。尽可能抓住问题的重点，一个一个解决，最终达成一致。不要让谈话没有头绪，或将问题留待日后解决，那样只会使问题更棘手。

7）认真听取对方的意见，充分把握对方的情感和愿望。尊重对方，这是有效沟通的前提。根据对方的情绪和愿望，调整方式，能使沟通更融洽。

8）对于需要传达的内容要选择恰当的媒体进行传达。根据不同的传达内容，安排不同的媒体中介进行传达，千篇一律只会引起反感和抵触。

（2）管理人员应善于聆听。

1）认真听取别人的意见有三大好处。

①让对方体会到自己的热心和真诚。

②可得到各种情报。

③增长见识。

2）积极的听闻技巧

①听：听自然的声音，这是一种被动的听。

②倾听：认真动脑筋听取别人的意见，这是一种积极主动的听。

③映射：用你自己的话把对方传达出的意思反馈回去。

3）从一个好的发言者到一个好的聆听者

①向对方表示关心和好意，认真听取对方的意见。

②在听的时候适当地映射、询问，不可破坏谈话的气氛。

③在交谈过程中不要随意批评别人的观点，也不可钻牛角尖、挑字眼。

④不要伤害对方的自尊心，对于别人的长处要提出表扬。

⑤创造愉快的交流气氛。认真听取别人的意见，充分理解别人的意图，同时不要忘记以礼待人。

5. 培训下属

管理者是通过下属与自己的工作努力，完成自己的工作任务的。在指导下属时，与其纠正其错误，倒不如指出其某一方面的优点，找出其闪光点给予鼓励，使其提高。

（1）培训新进员工

1）要让员工一下子在大脑里记住所有的琐碎事项，着实强人所难。因此，可以按照轻重缓急的顺序，先做好基础的准备工作，再以阶段性发展来执行教育的工作。

2）先从简单的事项开始教起，待其进入状态之后，再教以复杂的工作内容。在教育的同时也要使员工产生学习的兴趣，不断让员工积累简单工作的经验，再将之推向复杂、困难的工作项目作为挑战的目标。

3）若只是让员工用耳朵听、用眼睛看来学习，很难让其进入工作状态，因此，要记住工作内容的最快速的方法，便是让员工实际演练一番。若是害怕员工犯错、失败，只会使管理者永远不敢分派工作让下属去发挥。

4）为了打破新员工一个命令一个动作的不良习惯，身为主管便要思索如何让下属积极发问。

5）员工，特别是新员工的不安感觉的程度，远远超过管理者的想象，因此，要随时表现出关心的态度来安抚人心是很重要的。上下班的打招呼，工作中及时表示鼓励的声音，员工发问时亲切的态度，多少能减轻其不安。

（2）培训员工的方法

1）要下属仔细聆听

①说话声音大，声音清楚，语调平稳。

②区分说话的要点及顺序，对内容分段。

③强调要点。

④内容较多的部分再重复一遍。

⑤正确解释员工第一次听到的专门术语。

2）示范给下属看

①先完整示范全部过程。

②以分解动作来做示范。

③强调要点，可夸大肢体语言的工作。

④必要时需要重复示范。

⑤不要做错误的示范。

3）让下属亲自操作

①让下属先做一次，不中途打断。

②尽可能在实际场所中，现场操练。

③反复练习直至熟练。

④偶尔进行突击检查。

6. 门店管理人员的自我开发

（1）阻碍自我开发的因素

1）满足于现状。

2）自我满足或有自卑感。

3）对公司的方针、目标、计划不明确，没有接受训练的机会。

4）上司对下属不了解，下属对上司也没有信任感，甚至对上司反感。

5）对自己的未来和经济状况有所不安，家庭环境或与朋友的关系不协调。

6）在判断事物时，思想观念僵化，只着眼于眼前而不能放眼于将来。

（2）自我开发的方法

1）有目的、有计划地向重要的工作或困难的工作提出挑战。

2）多交朋友，取长补短，善于吸收别人的长处并为己所用。

3）要善于发现问题，抓住机会对工作进行革新。

4）在工作中要注意记录并经常进行反省。

5）在完成工作任务的过程中要排除干扰，充分利用各种有利因素。

6）自己要多做分析，发挥自己的长处。

7）善于了解自己的对手，争取在自己的工作领域中成为最优秀的人才。

8）凡事不要急躁，对于已经决定下来的事情要脚踏实地地去做。

9）不要满足于暂时的成功，要不断地向新的目标提出挑战。

（3）为员工树立典范

1）每天有一个良好的开端。

2）控制自己情绪，不拿员工出气。

3）做事得体。

4）支持员工的正确决定。
5）避免不懂装懂。
6）倾听员工意见。
7）建立以尊重为基础的人际关系。
8）经常表扬职员。
9）言必行，行必果。

单元测试题

一、判断题（下列判断正确的请打“√”，错误的打“×”）

1. Instrument 指仪表板。 （ ）
2. Porsche 是法国标致轿车的法文名称。 （ ）
3. “欢迎光临”英文应翻译为 You're welcome. （ ）
4. 店内员工例会应该在正式营业后举行。 （ ）
5. 培训新进员工先从简单的事项开始教起。 （ ）

二、单项选择题（下列每题的选项中，只有 1 个是正确的，请将其代号填在横线空白处）

1. Roof 是指________。
   A. 引擎盖　B. 车顶　C. 天窗　D. 行李厢
2. Honda 是日本轿车________的品牌。
   A. 丰田　B. 铃木　C. 本田　D. 马自达
3. “Be my guest.”是指________。
   A. 您好　B. 您是顾客　C. 我的猜测　D. 请便
4. 打出电话时，________的行为是错误的。
   A. 要确认对方的号码和姓名
   B. 主动报出自己姓名
   C. 言语尽量简洁
   D. 通话时若要与身边旁人讲话，挂断电话回头再打
5. 培训员工时让对方亲自操作要注意：________。
   A. 让下属先做一次，一有错误中途打断　B. 尽可能使用模拟操练
   C. 做对一次就可以　D. 偶尔进行突击检查

三、简答题

1. 店铺周围环境应该检查哪些情况？
2. 简述对工作中不满分子的处理方法。

单元测试题答案

一、判断题

1. × 2. × 3. × 4. × 5. √

二、单项选择题

1. B 2. C 3. D 4. D 5. D

三、简答题

1. 答：(1) 店铺周围是否能保持整洁卫生。
(2) 店铺外部（卷闸门等）设施是否运转正常。
(3) 店铺外部装饰有无损坏。
2. 答：(1) 认真听取下属的不满及抱怨。
(2) 授予一定的任务。
(3) 充分交流。
(4) 对下属有所期待。

知识考核模拟试卷（一）

一、判断题（下列判断正确的请打"√"，错误的打"×"；每题3分，共30分）

1. 当外板的凹陷部位有内板或骨架无法插入托铁时，可采用热缩法修复。（　）
2. 刮涂原子灰前，物体表面应无油、无脏物，凹陷处的旧涂膜应铲除干净。（　）
3. 高质量膜的紫外线阻隔率一般不低于99%，高的可达100%。（　）
4. 电动门窗易熔线的作用是防止电压过大而损坏电气设备。（　）
5. 未经扩大及放大的信号，称为前级信号。（　）
6. 如果功率放大器的阻抗为每声道2 Ω，扬声器为4 Ω，则会导致功率放大器发热，最后烧毁。（　）
7. 蓄电池是一种可逆的低压交流电源。（　）
8. 机油的黏度随着温度的上升而增大，温度下降后黏度减小。（　）
9. Windshield是指挡风玻璃。（　）
10. 对于下属只能鼓励不能责备。（　）

二、单项选择题（下列每题的选项中，只有1个是正确的，请将其代号填在横线空白处；每题3分，共30分）

1. 用销钉点焊枪将销钉焊到金属板件的凹陷处，并在销钉上连接惯性锤拉出器拉伸的方法是________方式。

A. 旋入　　B. 焊环

C. 销钉牵引　　D. 拉杆拉起

2. 对凹陷无损拉起新技术描述错误的是________。

A. 对车漆和车体钢板的技术指标没多大影响

B. 车身表面大小凹陷都可修复

C. 工具设备和技术操作都简单易掌握

D. 修复时间短

3. 贴膜后________天不要升降车窗玻璃或用水清洗车。

A. 1　　B. 3　　C. 5　　D. 7

4. 牛皮可进行多层分割，最多可分为________层。

A. 6　　B. 7　　C. 8　　D. 9

5. 音响连接端标示L. FRONTSPK＋是指________输出。

A. 右前喇叭正端　　B. 右前喇叭负端

C. 左前喇叭正端　　D. 左前喇叭负端

6. ________超低音喇叭具有音箱体积较大，频率响应较低，音量比较大的特征。

A. 密闭式　B. 反射式　C. 推挽式　D. 频段式

7. 电解液的密度以________℃时的密度为准。

A. 15　B. 20　C. 25　D. 30

8. 夏季放电程度超过________%时，必须及时补充充电。

A. 20　B. 25　C. 30　D. 50

9. 玻璃天窗的英文为________。

A. Roof　B. Sun Roof　C. Glass Roof　D. Moon Roof

10. 以下表达感谢的句子错误的是________。

A. Thanks of everything.　B. Thank you very much.

C. Thank you.　D. Thanks.

三、简答题（每题 5 分，共 40 分）

1. 简述托铁正托法和托铁偏托法的区别。
2. 简述采用丙烯漆作为面漆的喷涂步骤。
3. 简述电动玻璃升降器的电子控制装置的特点。
4. 简述音响（主机）的配置模式。
5. 车载电话由哪些部件组成？
6. 哪几种油液使用情况需要检查？
7. 营业前例会应该讲哪些内容？
8. 培训中示范给下属看要注意哪些要点？

知识考核模拟试卷（二）

一、判断题（下列判断正确的请打“√”，错误的打“×”；每题3分，共30分）

1. V形焊缝形式通常可用于厚度较大的焊接。（　）

2. 氨基甲酸乙酯制品中最常见的是用人造革做的座椅装饰、车门内装饰、车顶篷蒙皮和遮阳板等。（　）

3. 用刮板把中间部分的水刮干，使膜的气泡平均向两短边分开，有利于烤膜。（　）

4. 巡航控制系统是提高行驶速度的汽车自动行驶装置。（　）

5. 如果扬声器是被装在车门内，在条件允许的情况下尽量使用口径较大的扬声器。（　）

6. 使用车载MP3音频转换器可提高音质。（　）

7. 蓄电池不能将电能转换为化学能。（　）

8. 汽油机转速低而负荷小，润滑压力低，柴油机转速高负荷大，润滑压力高。（　）

9. Indicator是指指示灯。（　）

10. 赞扬别人不可借他人的言辞。（　）

二、单项选择题（下列每题的选项中，只有1个是正确的，请将其代号填在横线空白处；每题3分，共30分）

1. 一般不能单独作为底漆使用，必须与其他底漆配套使用的是________。

A. 磷化底漆　　B. 环氧底漆

C. 醇酸底漆　　D. 酚醛底漆

2. 焊缝时，焊条应保持与焊缝成________。

A. 30°　　B. 45°

C. 60°　　D. 90°

3. 贴膜后________天勿将车久置于室内停车场。

A. 1　　B. 3　　C. 5　　D. 7

4. 当车速超过设定车速________ km/h时，ECU将取消巡航控制。

A. 68　　B. 78　　C. 88　　D. 98

5. 音响连接端标示DIGITALOUT是指________信号输出端。

A. 前声道前级　　B. 后声道前级

C. 数位　　D. 影像

6. ________不是车载MP3音频转换器的称呼。

A. 音频转换器　　B. 音频接出器
C. 音频发射器　　D. 无线发射器

7. 完全充电状态下，放电电流大约大于蓄电池容量的________倍。
A. 4　　B. 5　　C. 8　　D. 10

8. 电解液密度降到________ g/cm^3 以下时，必须及时补充充电。
A. 1.10　　B. 1.20　　C. 1.30　　D. 1.40

9. 法国雷诺轿车品牌的英文拼写为________。
A. Ferrari　　B. Peugeot　　C. Renault　　D. Rover

10. 以下关于打招呼的说法错误的是________。
A. Hi.　　B. Hello.　　C. How are you?　　D. How do you!

三、简答题（每题 5 分，共 40 分）

1. 简述热缩法修复原理。
2. 贴膜后的常见问题有哪些？
3. 简述喷涂光触媒的主要工序。
4. 简述音响（主机）几种常用的配置方案。
5. 简述科学选用机油的原则。
6. 机油含水有哪几种方法进行鉴别？
7. 接听电话该怎么做？
8. 简述赞美和奉承的区别。

知识考核模拟试卷（一）答案

一、判断题

1. × 2. √ 3. × 4. × 5. √ 6. × 7. × 8. × 9. √ 10. ×

二、单项选择题

1. C 2. B 3. B 4. C 5. C 6. B 7. C 8. D 9. D 10. A

三、简答题

1. 答：托铁正托法是将托铁垫放在钣金凸起的正下方，用手锤在凸起的正上方敲打，实际上是手锤和托铁双向敲打，使钣金恢复形状；托铁偏托法是托铁垫放在钣金变形的侧方，用手锤敲打凸起物的上方，利用托铁的回弹力击打托铁上方的凸起。

2. 答：喷涂经过稀释、混合均匀的聚丙烯底漆。干燥 1～2 h，然后喷涂面漆。稀释、混合好丙烯酸漆和固化剂，进行喷涂。面漆中不能加柔性剂，干燥 8 h 以确保涂层的硬度。

3. 答：电动玻璃升降器的电子控制装置的特点有具有单按系统、能够在车外关闭门窗、具有安全控制。

4. 答：音响（主机）的配置模式有 1 组 RCA 输出、2 组 RCA 输出、3 组 RCA 输出。

5. 答：车载电话由传声器、天线、手柄、主机和手柄座组成。

6. 答：需要检查使用情况的油液有发动机机油、刹车液、转向器润滑油、冷却液。

7. 答：(1) 公布当天的销售目标，鼓舞员工士气。
(2) 提出工作中的注意事项。
(3) 公布新的促销措施。

8. 答：(1) 先完整示范全部过程。
(2) 以分解动作来做示范。
(3) 强调要点，可夸大肢体语言的工作。
(4) 必要时需要重复示范。
(5) 不要做错误的示范。

知识考核模拟试卷（二）答案

一、判断题

1. × 2. × 3. × 4. × 5. √ 6. √ 7. × 8. × 9. √ 10. ×

二、单项选择题

1. A 2. D 3. D 4. A 5. C 6. B 7. A 8. B 9. C 10. D

三、简答题

1. 答：一根钢杆加热的时候将会膨胀（变长），在冷却的时候将会收缩（变短）。如果在加热的同时用坚硬的固体抵靠着其两端，钢杆就不能伸长，会在中间或最热的地方向外鼓出。然后当冷却的时候，杆的长度将缩短。

2. 答：贴膜后的常见问题有雾状模糊、除雾线损坏、膜脱层、污垢杂质、玻璃裂损。

3. 答：(1) 对车厢进行常规的清洁护理。

(2) 用配套的清洁剂把要喷涂的地方抹干净。

(3) 将白色牛奶状的液态光触媒对汽车内部进行喷涂。

4. 答：(1) 主机+四只（两对）扬声器。

(2) 主机+四路功率放大器+四只（两对）扬声器。

(3) 主机+功率放大器+四只（两对）扬声器+超低音扬声器。

5. 答：(1) 根据不同车辆发动机使用环境温度的要求，选择对应的润滑油级别。

(2) 看该品牌和型号。

(3) 考虑用油经济性。

6. 答：机油含水的鉴别方法有观色法、燃烧法和放水法。

7. 答：(1) 电话铃响后，迅速拿起话筒，报出单位（如：你好！××店）名称，然后询问对方的姓名和事由。

(2) 若对方要找另一个人，应手捂话筒，招呼他人接电话。

(3) 自己如果不能决策，应请示上级后再做答复。

8. 答：赞扬是指客观、诚实地指出别人的优点、长处以及好的行为。而奉承则是违心地说别人的好话，即使没有那么一回事，也故意编造出来以取悦别人，或者是夸张事实，极尽虚伪奉承、巴结之能事。

技能考核模拟试卷（一）

试题名称：改装电动升降式车窗（100分）

将普通桑塔纳汽车的摇柄升降式车窗改装成电动升降式车窗，做到拆卸和安装流程、方法正确。

1. 评分项目

（1）准备。检查工具车及普通桑塔纳汽车的电动升降器设备工具是否齐全，做好升降器拆卸、安装的准备工作。

（2）拆卸。普通桑塔纳汽车车内衬板、车窗玻璃的拆卸及摇柄升降器的拆卸流程、方法正确。做好汽车定位锁止，避免操作时汽车自行移动，造成事故。

（3）安装。普通桑塔纳汽车电动升降器的安装流程、方法正确；普通桑塔纳汽车车窗玻璃和车内衬板的安装流程、方法正确。

（4）收尾。安装完毕后，做好结束工作，收好设备、工具，清洁场地。

2. 评分标准

（1）流程、方法准确，质量优良得100分。

（2）流程、方法有部分错误，质量优良得80分。

（3）流程、方法有部分错误，质量一般得60分。

（4）流程、方法有较多错误，质量一般及以下为不及格。

技能考核模拟试卷（二）

试题名称：DVD 机的安装与调试（100 分）

帕萨特 B5 汽车多媒体（DVD 机）的安装与调试，做到拆卸和安装流程、方法正确。

1. 评分项目

（1）准备。检查工具车及常用的设备工具是否齐全，阅读 XAV－77 的 SONY 多媒体（DVD 机）和帕萨特 B5 原车音响使用说明书，做好汽车多媒体拆卸、安装的准备工作。

（2）拆卸。帕萨特 B5 原车音响的拆卸流程、方法正确。做好汽车定位锁止，避免操作时汽车自行移动，造成事故。

（3）安装。SONY 多媒体（DVD 机）安装流程、方法正确；原车相关部件的拆卸流程、方法正确，避免损坏原车部件。

（4）调试。SONY 多媒体（DVD 机）的调试流程、方法正确。图像及声音清晰稳定。

（5）收尾。做好原车相关部件的还原安装。安装完毕后，做好结束工作，收好设备、工具、清洁场地。

2. 评分标准

（1）流程、方法准确，质量优良得 100 分。

（2）流程、方法有部分错误，质量优良得 80 分。

（3）流程、方法有部分错误，质量一般得 60 分。

（4）流程、方法有较多错误，质量一般及以下为不及格。